D1866802

Elisabeth Badinter

Der Infant von Parma

Elisabeth Badinter

Der Infant von Parma

oder

Die Ohnmacht der Erziehung

Aus dem Französischen
von Thomas Schultz

C.H.Beck

Dieses Buch erscheint im Rahmen des Förderprogramms des französischen Außenministeriums, vertreten durch die Französische Botschaft in Berlin.

Liberté • Égalité • Fraternité
RÉPUBLIQUE FRANÇAISE

AMBASSADE DE FRANCE
EN
REPUBLIQUE FEDERALE
D'ALLEMAGNE

BUREAU DU LIVRE

Cet ouvrage, publié dans le cadre du programme d'aide à la publication, bénéficie du soutien du ministère des Affaires Etrangères, représenté par le service culturel de l'Ambassade de France à Berlin.

Der Verlag dankt dem Centre national du livre für die Druckkostenunterstützung. *Ouvrage publié avec le concours du Centre national du livre.*

Die Originalausgabe erschien auf Französisch unter dem Titel
Elisabeth Badinter, L'Infant de Parme
Weltrechte © Librairie Arthème Fayard, 2008

Mit 7 Abbildungen

Für die deutsche Ausgabe: © Verlag C.H.Beck oHG, München 2010
Satz im Verlag ✻ *Druck und Bindung:*
Ebner & Spiegel, Groupe CPI, Ulm
Gedruckt auf säurefreiem, alterungsbeständigem Papier
(hergestellt aus chlorfrei gebleichtem Zellstoff)
Printed in Germany
ISBN 978 3 406 60093 7
www.beck.de

Für Micheline Amar

Inhalt

Einleitung

26. Februar 1757. An diesem Tag ernennt der spanische Infant Don Philipp, Herzog von Parma, den Franzosen Auguste de Keralio zum Unterhofmeister seines einzigen Sohnes, des sechsjährigen Ferdinand.[1] Wie für alle Prinzen dieses Alters ist für ihn der Zeitpunkt gekommen, die Rockzipfel seiner *aya* (Gouvernante) mit den Rockschößen eines *ayo* zu vertauschen. Die Welt der Kindheit mit der Welt der Erwachsenen. Die strenge Marquesa de González, die ihn die grundlegenden Dinge des Lebens gelehrt hat, reicht den Stab weiter an Monsieur de Keralio, der die Aufgabe hat, einen vollendeten Mann, einen modernen Monarchen aus ihm zu machen. Der Übergang «zum Mann», wie man damals sagt,[2] wird in einem Ritual vollzogen. Von seiner Gouvernante und seinen Kammerfrauen wird der junge Prinz in die Gemächer des Infanten gebracht, wo sie ihn vollständig entkleiden. Man lässt ihn so für einige Minuten unter den prüfenden Blicken der Versammlung. Danach tastet der Chirurg des Infanten in Anwesenheit der gesamten Fakultät alle Körperteile des

Prinzen ab, um schließlich bekannt zu geben, dass er gesund und ohne Missbildungen ist. Sowie die Zeremonie beendet ist, ziehen sich die Gouvernante und die Frauen zurück, und der Prinz wird seinem Hofmeister überstellt.[3]

Als Keralio erfuhr, dass der Knabe beiderseits von den Bourbonen abstammte (seine Mutter, Louise Elisabeth, war die älteste Tochter des französischen Königs Ludwig XV., sein Vater, Don Philipp, ein Sohn des spanischen Königs Philipp V.), muss ihm auch sein regelmäßiges, von einem sanften Blick erleuchtetes Gesicht aufgefallen sein. Ein glückliches Vorzeichen wahrer Ergebenheit! Umgekehrt hat das Kind, als es den fremden Franzosen von zweiundvierzig Jahren musterte, an ihm wohl dieselbe strenge Miene bemerkt wie an seiner alten *aya.*

Von da an leben sie Seite an Seite, praktisch Tag und Nacht, zwölf Jahre lang. Nach und nach gesellen sich zu dem Paar weitere Männer, die zu den glänzendsten Persönlichkeiten ihrer Generation gehören: der hoch angesehene Abbé de Condillac, dessen Philosophie die *Encyclopédie* von Diderot und d'Alembert inspiriert hat, die Patres Jacquier und Le Seur, deren physikalische Abhandlungen als Standardwerke gelten, sowie Abbé Millot, Historiker und zukünftiges Mitglied der Académie française, der den Gedanken Montesquieus und Voltaires verpflichtet ist. Ganz zu schweigen von Du Tillot, dem engen Vertrauten des Infanten, der davon träumt, das kleine, unter der Fuchtel der Priester dahindämmernde Herzogtum in eine Oase der

Aufklärung zu verwandeln, in der die Kultur, die Künste und das Gewerbe blühen. Um dies zu erreichen, zieht er erstklassige Gelehrte, Künstler und Handwerker an den Hof von Parma, wie den Archäologen Paolo Paciaudi, den Philosophen und Mathematiker Francesco Venini, den Enzyklopädisten Alexandre Deleyre oder den Buchdrucker Giambattista Bodoni. Aber das ganze Unternehmen hat nur Sinn, wenn der zukünftige Herrscher selbst ein Mann der Aufklärung ist, der der Aufgabe gewachsen ist.

War sich Keralio zum Zeitpunkt ihrer ersten Begegnung der Tragweite seiner Verantwortung bewusst? In Wirklichkeit konnte damals noch niemand ahnen, dass das Kind, dessen er sich annahm, zu einem Symbol der Hoffnung weit über die Grenzen Parmas hinaus und gleichzeitig zu einem Prüfstein für die Philosophie der Aufklärung werden würde. Wird das Kind, von aufmerksamen Männern erzogen und darin unterwiesen, seine Intelligenz und seine Moral zu entfalten, Condillac und d'Holbach in ihrer Meinung Recht geben, dass der menschliche Geist bei der Geburt nichts als eine «Tabula rasa» ist? Wird es die kühne These von Helvétius bestätigen, der zufolge die Menschen von Natur aus gleich und darum allesamt befähigt sind, Wahrheiten und Tugenden zu entdecken? Mit einem Wort, wird es der launigen Idee von Leibniz ein Fundament geben, der gerne sagte, dass Erziehung alles vermag, selbst Bären zum Tanzen zu bringen? In dem pädagogischen Laboratorium, zu dem Parma in der Mitte des 18. Jahrhunderts wird, trägt der kleine Ferdinand auf seinen schwachen

Schultern die Hoffnungen der neuen Philosophie und all jener, die an den Fortschritt glauben.
Aber wird der Bär tanzen? Und wenn es ihm gelingt, wird er die Tempi einhalten, die ihm seine Lehrmeister vorgeben?

Erstes Kapitel

Die frühen Jahre

Vor der Ankunft des Hofmeisters
(1751–1756)

Wenn das Kind der Vater des Menschen ist,[1] wie soll man dann etwas über die ersten Eindrücke, die Zuneigungen, die Enttäuschungen und Kümmernisse jener Zeit erfahren, die sich in der Erinnerung verliert?

In einer Autobiographie, die er im Alter von neunzehn Jahren schreibt,[2] trägt Ferdinand einige Informationen und die Bruchstücke der Erinnerung zusammen, die er aus jener Zeit bewahrt hat. Seine Geburt am 20. Januar 1751 in Parma ist die Frucht des Wiedersehens seiner Eltern nach dem Österreichischen Erbfolgekrieg, der sie sechseinhalb Jahre getrennt hatte. Wie es damals Brauch ist, wird der Junge sogleich den Säugammen übergeben und der Fürsorge einer Untergouvernante, der Contessa Marazzani, anvertraut, die der Marquesa de González unterstellt ist, jener strengen, bereits erwähnten Gouvernante. Aus seinen ersten sechs Lebensjahren erinnert er sich wie jedermann nur an sehr wenige, aber meist wichtige Begebenheiten: die Spiele und Streitigkeiten mit seiner kleinen, elf Monate jüngeren Schwester Luise, das gesellige Zusammensein mit den Leibwachen, die Ankunft – anlässlich seines vierten Geburtstags – eines französischen Jesuiten, Pater Thomas Fumeron,[3] der mit seiner religiösen Erziehung beauftragt wird und ihm das Lesen beibringen soll. Während sich der Junge mit dem Erlernen des Letzteren schwer tut, findet er sofort Gefallen an der Geschichte der Heiligen, an Andachtsbildern und Reliquien. «Ich erinnere mich», schreibt er, «wie stark mein Glaube war, obwohl ich doch noch klein war.»[4] Es ist daher kein Zufall, dass er die beiden prägenden Erinnerungen, die ihm aus dieser Zeit geblieben sind, gewissermaßen als zwei Wunder betrachtet. Als Pater Fumeron ihm ein Bild von San Luigi Gonzaga schenkte, so berichtet er, küsste er es und empfahl sich inbrünstig der Fürbitte des Heiligen, damit er das Lesen erlerne, und «am selben Tag begann ich, korrekt zu lesen». Und als er einmal, schon etwas älter, Karamellen lutschte und sich dabei verschluckte, blieb der Bonbon ihm im Rachen stecken und bereitete ihm furchtbare Schmerzen. «Ich bat sofort die Gouvernante Marazzani um eine bestimmte Reliquie, und kaum hielt ich sie in den Händen und presste sie an meine Kehle, ließ der Schmerz augenblicklich nach.»[5] Diese zutiefst prägenden Erinnerungen, die ihm zeigen, «wie groß Gottes Barmherzigkeit» ihm gegenüber war, lassen alles andere verblassen. Von seinen Eltern ist nie die Rede, außer der kurzen Erwähnung einer Reise, die seine Mutter nach Frankreich unternahm, wobei er sich weder an das Jahr ihrer Abreise noch an das ihrer Rückkehr erinnert. Auch kein Wort über seine ältere Schwester Isabella, die sich während der Abwesenheit der Mutter um ihn kümmerte.

Wertvolle Kenntnisse über seine frühe Kindheit sind uns jedoch aus dem Kreis der Familie überliefert. Die sporadischen und bisweilen von langer Abwesenheit geprägten Beziehungen zu seinen Eltern haben natürlich ihre Spuren hinterlassen. Auch wenn die damaligen Gepflogenheiten den Vater von dem kleinen Knaben fernhalten, bleibt die Persönlichkeit des regierenden Fürsten nicht ohne Auswirkungen auf den Sohn. Obwohl sehr unterschiedliche Beschreibungen von ihm existieren, sind sich die Historiker in mehreren Punkten einig. Don Philipp ist der Lieblingssohn seiner Mutter, der mächtigen und herrischen Elisabeth Farnese. Sie bestimmt über den Sohn wie über ihren Mann, den schwachen, wollüstigen und finsteren Philipp V.[6] Sie ist es, die ihren Sohn dazu drängt, in den Österreichischen Erbfolgekrieg einzugreifen (an dem er in Wirklichkeit nur als Zuschauer teilnimmt), um das Herzogtum Parma zurückzugewinnen, das vormals den Farnese gehört hatte. Der äußerst fügsame Junge versucht, so gut er kann, das Streben seiner Mutter nach Ruhm und Macht zu befriedigen, obwohl er es nicht teilt. Als eher feiger Genießer ist er von keiner Hybris getrieben. Dennoch hat, wie der französische Botschafter in Madrid 1738 verlauten lässt, der junge Mann,[7] der spätestens in einem Jahr Louise Elisabeth heiraten soll, alles, um zu gefallen: «Es ist, weder was seine Prinzipien, noch was seine Erziehung anbelangt, irgendein Makel an ihm zu entdecken. Er verdankt alles seinem glücklichen Naturell. Er ist sanft, höflich, freundlich; er ist gutherzig, hat einen liebenswerten Charakter … und findet viel Gefallen an Büchern. Er hat sich seiner gesamten Ausbildung mit großem Fleiß gewidmet und auch mit beachtlichem Erfolg, besonders aber der Mathematik, den Befestigungsanlagen und allem, was mit der Marine zusammenhängt … Neben der spanischen Sprache beherrscht er Latein, Französisch, Italienisch und sogar Englisch. Er ist von ansehnlicher Gestalt, seine Physiognomie ist interessant, sein Gemüt stets ausgeglichen und voller Heiterkeit … Es wäre wünschenswert, dass er nicht so viel Aufhebens von seiner Toilette und seinem Äußeren machte.»[8]

In vielen Punkten wird ihm sein Sohn Ferdinand gleichen. Nachdem er Herzog von Parma, Piacenza und Guastalla geworden ist,[9] widmet dieser den Künsten und der Jagd verfallene Fürst seinen Vergnügungen mehr Zeit als seinen Regierungsgeschäften. Diese überlässt er wie selbstverständlich der politischen Intelligenz seiner Frau, die in ihrem Ehrgeiz und Machtstreben auf erstaunliche Weise

Louise Elisabeth von Frankreich mit ihrem zweijährigen Sohn Ferdinand, gemalt von Adélaïde Labille-Guiard, 1788, Musée national des châteaux de Versailles et de Trianon

seiner Mutter ähnelt. Louise Elisabeth ist das eigentliche Oberhaupt der Familie. Neun Jahre lang hat sie in Madrid ihren Unmut verbissen, aber zugleich von ihrer Schwiegermutter die Kunst erlernt, die Männer zu beherrschen, insbesondere ihren Gemahl. Wie Elisabeth Farnese träumt sie davon, ihre Söhne auf den Thronen Europas zu sehen, und leidet unter der mediokren Stellung, die ihr Mann und sie selbst einnehmen. Sie ist eine intelligente und energische Frau und die Lieblingstochter Ludwigs XV., der ihr etwas von seiner Männlichkeit vererbt hat. Während der frühen Kindheit Ferdinands, bis zu ihrem Tod im Dezember 1759, denkt sie nur daran, Geld zur Bereicherung ihrer armseligen Herzogtümer aufzutreiben und die zukünftigen Eheschließungen ihrer Sprösslinge auszuhandeln. Um ihre Ziele zu erreichen, muss sie ihren Vater hofieren, der ihr nichts abschlagen kann. Das aber heißt, Parma zu verlassen und sich in Versailles niederzulassen, und das zweimal während der Zeit, als Ferdinand noch klein ist: ein erstes Mal von August 1752 bis Oktober 1753, in einer entscheidenden Entwicklungsphase ihres Sohnes; und ein zweites Mal von September 1757 bis zu ihrem Tod im Dezember 1759 in der Folge einer Pockenerkrankung. Insgesamt lernt das Kind seine Mutter nur drei oder vier Jahre lang kennen, wie einen Meteor, der aufgeht und verschwindet. Dennoch hängt Louise Elisabeth zärtlich an ihm, wie die Briefe bezeugen, die sie während ihrer letzten Reise aus Versailles schreibt: «Sie werden immer ein Kätzchen bleiben», sagt sie des Öfteren, «darum wird Sie jeder mögen wie auch die Mieze, die Sie von ganzem Herzen liebt.»[10]

Die Herzogin von Parma ist eine strenggläubige, praktizierende Katholikin, aber nicht die Frömmlerin, als die man sie zuweilen beschrieben hat.[11] Wie sich in der Folge zeigen wird, unterscheidet diese pragmatische Frau mit ihrem gesunden Menschenverstand sehr genau zwischen Politik und Religion, zwischen Vernunft und Glauben, zwischen Frömmigkeit und Frömmelei. Zudem misstraut sie den Jesuiten und den italienischen Schwarzkitteln, weshalb sie auch, entgegen den damaligen Gepflogenheiten, lieber Laien als Geistliche mit der Erziehung ihres Sohnes betraut.

In Abwesenheit seiner Eltern[12] beschränkt sich der engere Kreis um den kleinen Ferdinand auf seine beiden Schwestern. Seine neun Jahre ältere Schwester Isabella[13] ist eine bemerkenswerte Person. In Spanien geboren, als ihre Mutter noch keine fünfzehn Jahre alt war, und relativ einsam aufgewachsen, hat sie eine ungewöhnliche Intelligenz und Reife entwickelt. Ihre ganze Zuneigung gilt dem kleinen Bruder. Von dessen Geburt an bis zu ihrem Fortgang nach Österreich im Jahr 1760[14] hütet sie ihn wie ihr eigenes Kind. In Abwesenheit der Mutter unterrichtet die Elfjährige ihren Vater darüber, wie das kleine Kind schläft, wann es zu zahnen und wann es zu laufen beginnt. Einem Zeugen zufolge «sorgt die Infantin Isabella für ihren Bruder mit geradezu unglaublicher Zärtlichkeit.»[15] Wahrscheinlich empfing er so viel Liebe und Zuwendung von ihr wie von niemandem sonst. An dem Kummer, der ihn erfüllte, als sie zu ihrem zukünftigen Gemahl, dem österreichischen Erzherzog Joseph, aufbrach, lässt sich ermessen, auf wie viel Gegenseitigkeit jene «unglaubliche Zärtlichkeit» beruhte. Nichts dergleichen verbindet ihn mit der kleinen Luise, die, weniger als ein Jahr nach ihm geboren, praktisch seine Zwillingsschwester ist. Getrennt erzogen, ein jeder mit «seinem eigenen Haus» ausgestattet, entwickeln sich zwischen ihnen nur die üblichen Zuneigungen und Streitereien. Die zukünftige Königin Spaniens hat nichts von einer zärtlichen Person, sondern ist im Gegensatz zu ihrem Bruder sehr von sich und ihrer gesellschaftlichen Stellung eingenommen. Davon legt folgende Anekdote ein Zeugnis ab: «Kaum hatte die Prinzessin erfahren, dass ihr Ehevertrag mit dem spanischen Thronfolger unterzeichnet war, verlangte sie, dass man ihr alle dem neuen Titel entsprechenden Ehren erwies. Maria Luise Theresa war damals erst zwölf Jahre alt. Als der Prinz von Parma, ihr Bruder, sie eines Tages wegen ihrer – wie er es nannte – lächerlichen Ansprüche hänselte, antwortete sie ihm zornig: ‹Ich werde Sie lehren, mir die Achtung entgegenzubringen, die Sie mir schulden; schließlich werde ich Königin von Spanien sein und Sie immer nur der kleine Herzog von Parma.› ‹In diesem Fall›, erwiderte der Infant, ‹wird der kleine Herzog von Parma die Ehre haben, der Königin von Spanien einen Backenstreich zu verabreichen.›»[16] Gesagt, getan … Man weiß im Übrigen, dass diese kleine Luise später mit derselben

Luise, Prinzessin von Asturien, Ferdinands jüngere Schwester, Studie von Anton Raphael Mengs, 1765, Museo del Prado, Madrid

eisernen Faust auch ihren Mann und ihr Land tyrannisiert hat.

Ferdinand ist ganz anders als sie. Er zeigt keinerlei Stolz auf seine Stellung und wird immer die Gesellschaft seiner Leibwachen oder der Bauern gegenüber der der Adligen bevorzugen. Mit fünf Jahren ist der kleine Junge, nach Aussage seiner Mutter, das Ebenbild seiner Tante Adelaide, «nur schöner». «Er ist nicht ungezogen», sagt sie, «wie sonst oft die Jungen, und wir erreichen so ziemlich alles mit Sanftmut und vor allem mit Vernunft.»[17] Zweifellos besitzt er Charme und guten Willen. Ein Jahr nach seiner Ankunft in Parma zeigt sich Pater Fumeron «entzückt» über ihn. «Er beherrscht [schon!] vortrefflich den Katechismus, die Bibel und einen großen Teil der Grammatik.»[18] Seltsamerweise bewahrt Ferdinand keinerlei Erinnerung an jenes Kind. Er beschreibt sich als unbegabt, «recht jähzornig und ungeduldig», obwohl er Anstrengungen machte, «sich mit Gottes Hilfe zu bessern».[19] In der Tat konnten seine fromme Mutter und der Jesuit sich nur glücklich schätzen, dass das Kind so gläubig war und sich so sehr zu den Heiligen und Geistlichen hingezogen fühlte. Fumeron hatte sein Ziel erreicht. Wie viele seines Ordens ein feinfühliger Psychologe, hatte er vermutlich die richtige Art gefunden, das Herz seines Zöglings zu berühren.

Im Zwiegespräch mit Keralio
(März 1757 – April 1758)

Keralio tritt seine Stellung am 8. März 1757 an. Wer ist dieser Mann und wie ist er bis nach Parma gelangt? Die Wahl des Hofmeisters für einen Prinzen ist eine heikle Angelegenheit. Er ist mit der moralischen Erziehung des Kindes betraut und unterscheidet sich damit vom Hauslehrer, der die Aufgabe hat, den Geist und Verstand seines Schülers zu entwickeln und ihm Wissen zu vermitteln. Zu dieser Zeit hat der Erzieher nicht die Funktion eines Lehrers. Er ist ein Mentor, der seinen Zögling in der Kunst des Lebens und des Benehmens unterweist, nach ganz bestimmten Werten. Diese sind bis in die Mitte des 18. Jahrhunderts im Wesentlichen vom Christentum geprägt, und so ist es Brauch, das Kind der Obhut eines Geistlichen anzuvertrauen. Aber dank der Philosophen sind die Vorstellungen dabei, sich zu wandeln. «Der Geist des Evangeliums», bemerkt Friedrich Melchior von Grimm, «hat sich noch nie mit den Prinzipien einer guten Staatsführung vertragen … Die Demut, der Glaube, die Hoffnung, die Kasteiung des alten Menschen sind nicht dazu angetan, große Männer hervorzubringen; selbst die Nächstenliebe … hat nichts mit Gerechtigkeit, Menschlichkeit, Großzügigkeit, Wohltätigkeit und anderen Tugenden gemein, von denen die Annalen der aufgeklärten und zivilisierten Völker so viele Beispiele geben.»[20] Der Infant und die Infantin von Parma haben diesen Wandel zur Kenntnis genommen. Fumeron soll einen guten Christen aus dem Knaben machen, Keralio ihn zu einem guten Staatsbürger heranbilden, der fähig ist, als ein moderner Herrscher zu regieren.

Für Keralio entschied man sich im Jahr 1755 nach einem längeren Aufenthalt von Bernis, dem französischen Botschafter in Venedig, am Hofe zu Parma.[21] Es ist sehr wahrscheinlich, dass Louise Elisabeth – fern von Paris – diesen so intelligenten wie einnehmenden Gesprächspartner mit dem Auftrag betraute, einen französischen Hofmeister für ihren Sohn zu finden. Bernis ist ein aufgeklärter Geist, der mit den bedeutendsten Persönlichkeiten seiner Zeit verkehrt. Seit langem ist er mit dem Maréchal de Belle-Isle und dem Duc de Nivernais befreundet. Wie man weiß, kennen diese beiden Männer Keralio gut und schätzen ihn sehr. Ersterer hatte ihm die Aufgabe übertragen, seinen Sohn, den Comte de Gisors, auf einer Bildungsreise durch Europa zu begleiten, die soeben zu Ende gegangen ist.[22] Er hat allen Grund, mit dem Ergebnis zufrieden zu sein. Gisors ergeht sich in Lobeshymnen über diesen geradlinigen, kultivierten, polyglotten Berufssoldaten, der sich gegenüber einem König ebenso unbefangen zeigt wie auf dem Schlachtfeld. Während der gemeinsam verbrachten fünfzehn Monate hat Keralio seine Aufgabe als weiser und erfahrener Führer auf vollkommene Weise erfüllt.

Kaum nach Paris zurückgekehrt, erwartet ihn bereits ein zweifaches Angebot: das von Louise Elisabeth, sich in Parma Ferdinands anzunehmen, und das des Duc de Nivernais, der Keralio einlädt, ihn nach Preußen zu begleiten, als sein Sekretär – eine Funktion, die der eines heutigen Kabinettschefs vergleichbar ist. In dieser Mission von höchster Wichtigkeit geht es darum, Friedrich II. zu überzeugen, sich nicht mit England zu verbünden, um so einen Krieg zu vermeiden.[23] Ob Keralio eine Weile gezögert hat? Ob er die Einladung nach Parma zunächst angenommen hat, um sich danach für ungeeignet zu erklären? Es scheint, dass sich der Infant mit seinem Kommen im Oktober 1755 bereits einverstanden erklärt hatte. Aber zwei Wochen später konstatiert Louise Elisabeth mit Bedauern: «Ich bin überzeugt, dass er [Keralio] in Preußen dem König gute Dienste leisten wird und dass er uns sehr nützlich gewesen wäre, würden wir nicht in diesen barbarischen Ländern wohnen.»[24] Nicht so schnell zu entmutigen, versucht die Infantin im folgenden Sommer abermals ihr Glück, nachdem Nivernais aus Preußen zurückgekehrt ist und Keralio erneut mit Lob überschüttet hat.

Diesmal entscheidet sich Keralio, dem gleichzeitig die Stelle eines der drei Unterhofmeister des Duc de Bourgogne angeboten wird, für Parma. Überzeugt, «dass die Erziehung eines Prinzen einer steten Harmonie bedarf»,[25] will er allein das Sagen haben und hat nicht die Absicht, seine Verantwortung mit anderen zu teilen, die nicht unbedingt dieselben Ideen vertreten wie er.

Der Mann, der Ende Februar 1757 in Parma eintrifft, ist kein «Philosoph» im engeren Sinne. Er ist Berufssoldat,

entstammt dem niederen Adel der Bretagne und hat als Militäringenieur den gesamten Österreichischen Erbfolgekrieg mitgemacht. Außerhalb des Schlachtfelds lässt er seiner Leidenschaft für die exakten Wissenschaften freien Lauf. Er ist ein guter Mathematiker, verkehrt mit dem Physiker und Mathematiker Alexis Clairaut, bewundert die Entdeckungen d'Alemberts und liest alle wissenschaftlichen wie literarischen Neuerscheinungen. Obwohl er dem Kreis der Enzyklopädisten nahesteht, ganz erpicht auf die Polemiken Voltaires ist und sich auch den kühnsten Behauptungen der Aufklärung nicht verschließt, ist er selbst alles andere als ein radikaler Geist. Er predigt eine Religion, die von Aberglauben und «kleinlichen Praktiken» befreit ist, «in einem reinen Glauben» besteht und «die Moral des Evangeliums sowie alle Pflichten eines Christen praktiziert».[26]
Nichts in seiner lückenhaften Biographie deutet darauf hin, dass er schon einmal ein Kind von sechs Jahren in seiner Obhut hatte. Aber er scheint alle erforderlichen Qualitäten zu besitzen, um einen Fürsten der Aufklärung heranzubilden. Vom ersten Tag an macht er dem Kind seine ständige Anwesenheit außerhalb der Stunden, die der Religion gewidmet sind, zur Pflicht. Er nimmt seine Mahlzeiten mit ihm ein und setzt dem kameradschaftlichen Zusammenleben mit den Leibwachen ein Ende. Er vermittelt ihm Grundkenntnisse in Mathematik und im Schreiben, unterrichtet ihn im Zeichnen und weckt nach und nach seinen Geist durch Lektüre und pädagogische

Spiele. Um ihn für die Natur zu interessieren, erteilt er ihm «in einem Garten, der an seine Gemächer grenzte, einen kleinen Lehrgang in Landwirtschaft. Der Prinz grub sein Feld um, säte Weizen, beaufsichtigte das Wachsen und Heranreifen des Korns und erntete es. Sein Interesse an dem Garten nahm zu, seitdem wir die Blumen herausgerissen hatten. Er wünschte, weitere Getreidearten zu säen, und wollte das Wachstum unterschiedlicher Baumarten beobachten.»[27] Das Kind hat seinen Spaß und macht einen glücklicheren Eindruck. Nach drei Monaten stellt Louise Elisabeth «einen unglaublichen Wandel an ihm» fest. «Monsieur de Keralio ist ganz vernarrt in ihn, und er [Ferdinand] mag ihn ebenso sehr … Alles gibt mir Anlass zu der Hoffnung, dass ich Gott nur danken kann für dieses Kind. Es war höchste Zeit, dass es in so erfahrene Hände kam, denn trotz aller guten Eigenschaften, die an ihm zu beobachten waren, war es schrecklich übellaunig.»[28] Was sie nicht daran hindert, wenig später zu präzisieren: «Mein Sohn ist reizend, wenn er auch recht oft bestraft werden muss.»[29]

In seiner Autobiographie vermerkt Ferdinand für das Jahr 1757: «Ich wurde nun häufig bestraft, mal für meine Ungeduld, mal für meine Faulheit, hauptsächlich aber wegen meiner Schreibübungen.» Und an die Ankunft Keralios erinnert er sich folgendermaßen: «Ein wirklich aufrichtiger Mann, dem ich all das Wenige schulde, das ich wert bin. Vorhalten konnte man ihm allein seine übermäßige Strenge …, aber wenn er so handelte, dann nur aus Beflissenheit, und ich kann sagen, dass er mich liebte wie seinen Sohn.»[30]

Zweifellos hängt Keralio an dem Jungen, den er «mein liebes Kind» nennt. Das hindert ihn jedoch nicht, ihn zu schlagen, wenn seine Geduld am Ende ist, wie man es damals mit allen Knaben tut. Weder die Mutter noch der Vater haben etwas dagegen einzuwenden. Sie lassen dem Hofmeister freie Hand und vertrauen ihm vollkommen. Louise Elisabeth kann, als sie sich auf ihre letzte Reise nach Versailles begibt, Parma beruhigt verlassen.[31] Ihr Sohn befindet sich in besten Händen, und sie beabsichtigt, die Fortschritte seiner Erziehung in einem regelmäßigen Briefwechsel mit Keralio und Ferdinand genau zu verfolgen.

Zweites Kapitel

Die Erziehung eines Fürsten der Aufklärung

(1758–1769)

In Absprache mit Keralio und vielleicht auf seine Anregung hin beschließen der Infant und die Infantin von Parma, dass der Zeitpunkt gekommen ist, ihm einen Hauslehrer zur Seite zu stellen. Einen französischen, versteht sich. Nach ihrer Ankunft in Versailles sprach Louise Elisabeth wohl Bernis darauf an, der sich abermals an Nivernais wandte. Dieser empfahl – mit der Zustimmung Choiseuls, des einflussreichen Staatsmannes Ludwigs XV., und der Königinmutter, der frommen Maria Leszczyńska – den Abbé de Condillac, mit dem er seit mehr als zehn Jahren befreundet war.

Obwohl der Abbé eine zweifache Ausbildung als Pfarrer und als Theologe genossen hatte, ist es erstaunlich, dass die Wahl gerade auf ihn, den bedeutenden Philosophen, fiel und auch ohne Weiteres akzeptiert wurde. Von Voltaire bewundert, besaß der Mann, der großen Einfluss auf Rousseau, Diderot, d'Alembert und die gesamte *Enzyklopädie* ausübte, den Vorzug, gemäßigt, äußerst klug und verschwiegen zu sein. Während einer Unterredung mit ihm hat Louise Elisabeth ausgiebig Gelegenheit, sich davon zu überzeugen, dass er weder zu fortschrittliche Ideen vertritt noch einen übermäßigen religiösen Eifer an den Tag legt. Sie schätzt diesen gläubigen Philosophen, der dem Obskurantismus der Mönche, welche über die ganze Welt bestimmen wollen, ablehnend gegenübersteht. Ihr Entschluss ist rasch gefasst, denn die offizielle Ernennung Condillacs erfolgt schon Mitte Januar 1758.[1] Am 14. März kann die Infantin ihrem Gemahl verkünden: «Der Abbé de Condillac tritt am Montag seine Reise an. Ich bin überzeugt, dass Du zufrieden sein wirst.»[2] Zehn Tage später tut die schlaue Frau so, als habe der Infant selbst diese Wahl getroffen, und rät ihm, welche Argumente er all denen entgegenhalten solle, die daran Anstoß nehmen könnten: «Du hast mit dem Abbé Condillac eine sehr gute Wahl getroffen ... Was seinen Glauben betrifft, habe ich, dessen kannst Du versichert sein, die zuverlässigsten Informationen von mehreren Personen eingeholt. Alle haben bestätigt, was wir erwarten durften. Trotz jenes Buches, das als etwas metaphysisch gilt [Condillacs *Abhandlung über die Empfindungen*], werden wir uns, so glaube ich, hinsichtlich dieser Wahl weder in dieser noch in der anderen Welt etwas vorzuwerfen haben, aber ich muss Dich doch davon in Kenntnis setzen, dass die Jesuiten sehr verwundert waren, bei uns erneut den Kürzeren gezogen zu haben ... Unser Sohn soll ein guter Katholik werden und kein Kirchenlehrer; es wäre für ihn von keinem Nutzen, all die Kontroversen zu studieren.»[3]

Seinerseits fasst Condillac, der das Pariser Leben, seine Theater und literarischen Salons sehr liebt, den Entschluss, sich nach Parma zurückzuziehen, ohne langes Zögern. Denn in der Hauptstadt weht jetzt ein scharfer Wind. Nach dem fehlgeschlagenen Attentat von Robert-François Damiens auf Ludwig XV. im Jahr 1757 hat sich eine starke obskurantistische Opposition gebildet, die alle gottesfürchtigen Kräfte zum Kampf gegen die Philosophen mobilisiert.[4] Der Abbé hält es für ratsam, fortzugehen und die ihm gefährlichen Beziehungen zu lösen. Im Übrigen können seine spärlichen Einkünfte als königlicher Zensor nicht mit denen konkurrieren, die man ihm jetzt in Aussicht stellt: 12 000 Livre im Jahr (ebenso viel wie Keralio) und nach seiner Rückkehr die Pfründe der Abtei von Mureau bei Orléans.[5]

Zwischen Kindheit und Jugend
(1758–1764)

Condillac war so diskret und redete so wenig über sich selbst, dass er uns heute geheimnisvoll erscheint. Wie soll man diesen Abbé von dreiundvierzig Jahren beschreiben, der in Begleitung seines Dieners am 12. April 1758 in Parma eintrifft? Die dort entstandenen und erhaltenen Bilder stiften zusätzliche Verwirrung. Das Baldrighi zugeschriebene Porträt im Halbprofil,[6] das ihn mit gepudertem Haar, langer Nase, breitem, sinnlichem Mund und schlaffen Wangen zeigt, ähnelt so gar nicht dem vermutlich zu einem früheren Zeitpunkt von einem unbekannten Künstler gemalten Bild, auf dem er von vorn zu sehen ist.[7] Da ist er ein schöner, dunkelhaariger Mann mit hagerem, kantigem Gesicht. Die Stirn wirkt höher, die Nase gerader und der Mund schmaler. Der Porträtierte erscheint jünger, aber auch in höherem Maße «hart und schroff» – wie ihm seine Feinde in Parma vorwerfen – als der, der für Baldrighi posierte. Eines haben die beiden Bildnisse indes gemein: die schönen dunklen Augen, deren durchdringender Blick eine tiefgründige, zugleich feinsinnige, aber nicht allzu warmherzige Intelligenz verrät.

Für Ferdinand ist das Jahr 1758 weniger wegen der Ankunft seines Hauslehrers bedeutsam – er erwähnt das Ereignis mit knappen Worten – als vielmehr wegen seiner ersten vor Pater Fumeron abgelegten Beichte, die ihn mit «unsagbarer Freude» erfüllt.[8] Er interessiert sich für die Nachfolge von Papst Benedikt XIV. und verkündet erstmals seine «Liebe zur Religion der Dominikaner» und zur «seligen Jungfrau Maria», die genährt wird vom Klang der Glocken der Kirche San Pietro Martire, denen er in einer Art Glückseligkeit lauscht. Vielleicht mit etwas zu viel Verzückung, denn er wird deshalb, wie er sagt, «recht oft

Etienne Bonnot de Condillac, porträtiert von einem unbekannten Künstler, Museo Glauco Lombardi, Parma

gescholten und bestraft». Keine dieser Einzelheiten findet in den Briefen Condillacs oder Keralios jemals Erwähnung. Wahrscheinlich sahen sie darin nur geringfügige Fehler und waren der Meinung, ein siebenjähriges Kind sei nach Belieben erziehbar.

Kaum hat Condillac sein Amt angetreten, schmiedet er ein enges Bündnis mit Keralio und Du Tillot, der damals Finanzminister und Vertrauter des Infanten Philipp ist.[9] Die drei Franzosen, die dieselbe Philosophie und vor allem ihren Abscheu vor dem Obskurantismus teilen, träumen davon, einen aufgeklärten, religiösen, aber vernünftigen Herrscher heranzubilden, der sich gegenüber dem allmächtigen Klerus in Parma durchzusetzen weiß. Diese ideelle Gemeinschaft wird in der Folge in keinem Moment in Frage gestellt, und die Erziehung des Prinzen ist ihr gemeinsames Werk. Den Worten des französischen Botschafters Monsieur de La Houze zufolge, der 1766 nach Parma kommt, «haben Monsieur de Keralio und der Abbé de Condillac sich darum bemüht, einen Mann [aus Ferdinand] zu machen, und Felino [Du Tillot] die Aufgabe überlassen, einen Fürsten heranzubilden». Die drei Männer leben «in engster Vertrautheit und handeln in seelischem und geistigem Einvernehmen, um dieses wichtige zweifache Ziel zu erreichen».[10]

Zwei Wochen nach Antritt seiner Stelle in Parma begibt sich Condillac mit der gesamten herzoglichen Familie nach Colorno,[11] wo der Infant Philipp nach Belieben auf die Jagd gehen kann. Erstmals teilt Condillac seinem Freund, dem Duc de Nivernais, seine Eindrücke mit. Er äußert seine Befriedigung über Keralio, der seinen Zögling auf bemerkenswerte Weise vorbereitet hat, und kann sich einer gewissen Begeisterung nicht enthalten. Der siebenjährige Ferdinand «versteht alles, begreift alles, er lernt gern dazu; und ich beobachte mit Vergnügen die Wissbegier, mit der ein Kind Gedanken erfasst … Ich bin äußerst zufrieden und hätte mir keinen bereitwilligeren und besser vorbereiteten Schüler wünschen können.»[12]

Diese erste Beurteilung ist wichtig. Sie gibt zu den größten Hoffnungen Anlass. Umso mehr, als Condillac eine neuartige Pädagogik entwickelt hat, die sich direkt aus seiner Philosophie ableitet[13] und von der er sich Wunder verspricht.

Sie bricht in mancherlei Hinsicht mit den damals gültigen Theorien und Praktiken. Zunächst einmal begründet sie eine neue Beziehung zwischen Lehrer und Schüler: An die Stelle der Autorität tritt die Kooperation. Vor allem geht es darum, sich auf das Fassungsvermögen des Kindes einzustellen und schrittweise vorzugehen, wobei der individuelle Rhythmus des Schülers zu respektieren ist. Der Lehrer hat sich an den Schüler anzupassen, nicht umgekehrt. Condillac gibt der Reflexion den Vorrang gegenüber dem Gedächtnis. Das Ziel ist, denken zu lernen. Zu diesem Zweck benutzt er vorzugsweise Spiele, bei denen sogar die Rollen getauscht werden: Der Prinz soll ihm Unterricht über die Artillerie erteilen, den er zuvor von Keralio erhalten hat.[14] Als Ferdinand wegen einer Impfung einige Tage lang isoliert werden muss, schreibt ihm Condillac: «Erinnern Sie sich bitte an einen Hauslehrer, der mit Ungeduld darauf wartet, mit Ihnen zu spielen, vorausgesetzt, Sie wünschen bisweilen, mit ihm zu diskutieren.»[15]

Seine zweite Innovation betrifft die Methode, Kenntnisse zu erwerben. Statt vom Allgemeinen zum Besonderen zu gehen (Deduktion), predigt er die umgekehrte Richtung, die der Invention, die vom Bekannten zum Unbekannten gelangt (Induktion). «Der Lehrer muss so unwissend wie sein Schüler scheinen und mit ihm von einer Beobachtung zur nächsten schreiten, so wie die Völker im Laufe der Jahrhunderte dazulernen mussten. Damit vermeidet man, dass das Kind der ihm unzugänglichen Allgemeinheiten überdrüssig wird, und erreicht ein fast müheloses Lernen.»[16] Dennoch ist der Philosoph nicht frei von Illusionen hinsichtlich der kindlichen Fähigkeiten, wenn er die Überzeugung äußert, es genüge, den Schüler mit seinen Geistesgaben vertraut zu machen und ihn das Bedürfnis spüren zu lassen, sich ihrer zu bedienen, damit alles ganz leicht gehe. Mit viel Optimismus versichert er, der siebenjährige Prinz habe in einem Monat die Grundelemente seiner Philosophie begriffen! Oder auch: «Kinder sind fähig, zu denken und die abstraktesten Begriffe zu erfassen, wenn man ihnen deren Entstehung aufzeigt»![17] Wie dem auch sei, man kann nur staunen angesichts des umfangreichen und schwierigen Lektüreprogramms, das Condillac in seinen ersten zwei Jahren als Hauslehrer für den jungen Fürsten zusammengestellt hat. Vor seinem zehnten Lebensjahr hat Ferdinand eine Vielzahl religiöser Schriften, die Theaterstücke von Racine, Molière und Corneille, *L'art poétique* (*Die Dichtkunst*) von Despréaux, Werke Voltaires, *Des tropes* (*Über die Tropen*) von Du Marsais und *De l'origine des lois* (*Untersuchungen über den Ursprung der Gesetze*) von Goguet gelesen und sich außerdem die Lehrschriften *Grammaire* (*Grammatik*) und *L'art d'écrire* (*Die Kunst des Schreibens*) angeeignet, die Condillac für ihn persönlich verfasst hat. Darüber hinaus führt dieser ihn in die Philosophie Newtons – in der Übersetzung der Marquise du Châtelet – ein, insbesondere in die Phänomene der Welt und deren Erklärung, welche die Marquise liefert. Er lässt ihn auch den *Traité de la sphère* von Maupertuis und dessen *Voyage au Nord* lesen «und alles, was er über das System der Welt geschrieben hat», sowie den zweiten Teil von Voltaires *Newton.* «Ich kann versichern», sagt der Hauslehrer, «dass die Lektüren des Prinzen sein Fassungsvermögen nicht überstiegen. So weit also waren wir nach zwei Jahren Unterricht gelangt, als er in sein zehntes Lebensjahr trat.»[18]

Doch um welchen Preis? Weder der Hauslehrer noch der Hofmeister verlieren darüber ein einziges Wort. Nur der Barbier Antonio Sgavetti äußert in seinem Tagebuch, einer regelrechten Chronik Parmas, angesichts des überladenen Stundenplans des Prinzen seine Verwunderung und «bedauert, dass man ihn pausenlos zum Lernen einsperrt, zum großen Erstaunen aller».[19] Ferdinand beklagt sich nicht, aber er vermerkt mehrfach, dass er häufig gescholten, bestraft und gezüchtigt wird. Mit Blick auf das Jahr 1762 wird er noch deutlicher: «Dieses Jahr war für mich ein Jahr großer Strafen.»[20] Zu dieser Zeit hat niemand etwas gegen eine strenge und harte Erziehung einzuwenden. Alle wohlgeborenen Kinder, auch wenn sie Prinzen sind, werden körperlich gezüchtigt. Doch Ferdinands Schwester Isabella, die an dem Unterricht teilgenommen hat und sicherlich Zeugin von der Strenge seiner Lehrer wurde, zieht erstaunlich moderne Lehren aus dieser Erfahrung. In ihren *Réflexions sur l'éducation*[21] (*Betrachtungen über die Erziehung*) nimmt sie die genaue Gegenposition zu der Erziehung ein, die sie und ihr Bruder erhalten haben. Nicht nur macht sie die Eltern für alle Fehlschläge bei der Erziehung ihrer Kinder verantwortlich, sondern sie verurteilt auch die Machtfülle und die Unnachsichtigkeit derer, denen die Eltern die Erziehung übertragen. Sie prangert die

Isabella von Parma, Ferdinands ältere Schwester, gemalt von Jean-Marc Nattier, 1758, Kunsthistorisches Museum, Wien

Gefahren jener Machtfülle an, welche die Kinder gewalttätig, ungeduldig und störrisch mache,[22] und die Gefahren der Unnachsichtigkeit, welche aus Hartherzigkeit und Niedertracht entstehe. Sie «bessert nicht, flößt keinen Respekt ein ..., weckt Hass, Rachsucht und Misstrauen, sie fördert den Hang zum Betrug, tötet jede Empfindung, macht hart und gefühllos und zu jeder Bosheit fähig».[23] Dagegen stellt sie die Sanftmut, «die heutzutage verachtet wird», aber das Herz der Kinder zu gewinnen vermag, Anerkennung, Anhänglichkeit und Aufrichtigkeit zeugt, ihren Verstand und ihr Gefühl heranbildet und sie gefällig und fügsam macht.[24] Sehr wahrscheinlich hatte diese Streitschrift in erster Linie die Lehrer Ferdinands im Visier.

Aber waren sie gegen ihren Zögling wirklich zu hart, und wenn ja, weshalb? Wie man weiß, hat Ferdinand die Strenge Keralios bedauert und zugleich seine tiefe Zuneigung für ihn betont. Über Condillac hingegen beklagt er sich in seiner Autobiographie nicht ein einziges Mal. Überhaupt erwähnt er ihn selten. Abgesehen von dem Traktat Isabellas, die keinen der Erzieher jemals namentlich nennt, muss man bis zur Hochzeit des Prinzen im Jahre 1769 warten, um – aus der Feder des französischen Botschafters – etwas über die Strenge des «allzu launenhaften» Hofmeisters und die außergewöhnliche «Heftigkeit seines Hauslehrers» geschrieben zu finden.[25] Die Gründe für diese Härte werden nicht erwähnt. Ferdinand gilt als sanft und liebenswürdig, und Condillac äußert sich zufrieden über seinen

Zögling. Aber der Junge neigt zu Lüge und Heuchelei, wie er selbst in seiner Autobiographie bekennt. Trotz der Anweisungen seiner Lehrer verkehrt er weiterhin mit seiner Dienerschaft und seinen Leibwachen, deren Albernheiten und seinem Stande unangemessenes Verhalten er annimmt. Schlimmer ist die Tatsache, dass er sich zu den Mönchen und der italienischen Clique hingezogen fühlt, die seine Neigung zu einer abergläubischen und bigotten Religiosität weiter anfachen. Im Laufe der Jahre wird dieser Hang unwiderstehlich und führt dazu, dass er seine Lehrer regelmäßig belügt, die ihn dafür teuer zahlen lassen.

Ist es Pater Fumeron, der diese Neigung zur frommen Andacht geweckt und gefördert hat, oder entspringt sie einfach dem Bedürfnis, eine seelische Einsamkeit auszufüllen, der weder Ferdinands Mutter noch seine Gouvernante noch seine Lehrer Beachtung geschenkt haben? Fest steht, dass der Tod der Mutter am 6. Dezember 1759 in Versailles – nach zweieinhalbjähriger Abwesenheit und zu einem Zeitpunkt, als Ferdinand noch keine neun Jahre alt ist – und im folgenden Jahr der Weggang der geliebten Isabella, die den Erzherzog Joseph heiratet,[26] seine Lage eher verschlimmert haben. Er sagt, der Verlust der Ersteren habe ihn mit «unendlichem Schmerz» erfüllt, und Letztere habe er «mit größtem Bedauern und unter bitteren Tränen» fortgehen sehen.[27]

Einige Monate später wohnt er den Gottesdiensten der Karwoche in der Kirche San Pietro Martire bei, die «in mir eine glühende Verehrung für den Dominikanerorden weckten … Ich spürte in mir ein sehr heftiges Verlangen, Ordensbruder zu werden, doch wusste ich, dass ich in einem Staat geboren war, der diesem Wunsch praktisch unüberwindliche Hindernisse in den Weg legte; ich bat den barmherzigen Gott, mir ein wirksames Mittel einzugeben, um mein Ziel zu erreichen.»[28] Unterdessen begnügt er sich damit, Andachtsbilder zu zeichnen, die er heimlich dem Diener Keralios übergibt, damit er sie ins Kloster bringt. Er legt, mit dem Kruzifix im Arm, vor der Heiligen Jungfrau Maria das Gelübde ab, dass er als einer der Söhne des Heiligen Dominikus angesehen werden wolle. Nach seiner Erstkommunion im Jahr 1762 besucht er alle Gottesdienste in San Pietro Martire. Weder Condillac noch Keralio können an seinem Glauben Anstoß nehmen, aber Ferdinand verbringt die meiste Zeit damit, «Glocken und Heilige zu zeichnen und Almanache abzuschreiben»,[29] was ihm Strafen einträgt. Im April 1763 wird ein gewisser Forlani seines Dienstes enthoben, weil er ihm Almanache und Andachtsbilder zugesteckt hat.

In dieser Zeit wird ihm Don Niccolo Ponticelli als Italienischlehrer zugewiesen, in dem er einen «wahren Heiligen» sieht und den er innig liebt. Zu Unterrichtszwecken führt ihn dieser in die «fünfzehn Mysterien des Heiligen Rosenkranzes ein, damit ich anfange, sie an die Wand meines Studierzimmers zu malen, aber hoch oben und ganz klein, so dass niemand außer mir sie bemerken kann».[30] Ferdinand bekennt ihm seine Verehrung für den heilig gesprochenen Dominikaner Vicent Ferrer, und Ponticelli erzählt ihm «verschiedene Wunder, die mich so tief beeindruckten, dass ich sie einigen meiner Leute weitererzählte. Die Sache wurde bekannt; in einem Akt übelsten Kalküls gab ich gegenüber meinen Superioren vor, ich würde mich über Ponticelli lustig machen, und erfand sogar einige törichte Geschichten. Meine Superioren konnten ihn immer weniger leiden und entließen ihn.»[31] Aus denselben Gründen musste er sich vorwerfen, dass der arme Pater Fumeron und der Marchese Bergonzi in Ungnade fielen …

Zerrissen von widersprüchlichen Anforderungen

Ferdinand wird zum Streitobjekt einer verdeckt ausgetragenen Auseinandersetzung zwischen der italienischen und der französischen Clique. Sie hat politische, aber auch religiöse Gründe. Die Parmaer schüren Ressentiments gegen jene Franzosen, die in den Herzogtümern des Infanten zur Oberschicht gehören. Außerdem haben sie eine andere Auffassung von religiösen Praktiken und dem Stellenwert der Religion im öffentlichen Leben, vor allem infolge ihrer früheren Abhängigkeit vom Papst. In ihren Augen sind die Franzosen schon beinahe Gottlose. Sie betrachten es daher als ihre Pflicht, den jungen Fürsten auf ihre Seite zu ziehen. Im Gegensatz zur französischen Kamarilla, die Modernität und Fortschritt in Kunst, Wissenschaft und Industrie verkörpert, beharrt der lokale Adel auf seinen traditionellen Werten und verteidigt mit Zähnen und Klauen den Primat der Religion. Neben Ponticelli setzt der Hofadel, repräsentiert von Persönlichkeiten wie dem Marchese Bergonzi oder dem Conte Lucchino Del Verme, alles daran, Ferdinand, der nicht abgeneigt ist, sich ihm anzuschließen, ganz für sich zu gewinnen. Doch Frankreichs Gewicht ist groß, und abgesehen von der direkten Einflussnahme seiner Lehrer kann der Junge auch seine eigene französische Herkunft nicht vergessen.

In einem wunderbaren, kurz vor ihrem Tod geschriebenen testamentarischen Brief hinterlässt Louise Elisabeth ihrem Sohn zwei feierliche Ermahnungen. Zum einen möge er Gott lieben und ihm dienen, aber «ohne Heuchelei und Frömmelei». Zweitens solle er «Frankreich lieben. Es ist Ihre Herkunft. Darum schulden Sie ihm um Ihrer selbst willen Achtung und Ehrerbietung.» Sie erinnert ihn daran, in welchem Maße er seine Stellung in Parma Ludwig XV. verdankt und wie sehr er von ihm abhängt: «Solange Sie mit Frankreich verbunden bleiben, sind Sie groß. Auch wenn Sie selbst es nie sein werden, mit Frankreich werden Sie es ein wenig mehr sein.» Da sie die italienische Opposition gut kennt, warnt sie ihn vor denen, die «von feindlichen Mächten beherrscht werden», vor denen, die aus Angst, sein Missfallen zu erregen, ihm eine Frankreich überlegene Machtposition einräumen wollen, und schließlich vor denen, die die kleinste «Unstimmigkeit» zwischen den beiden Höfen dazu missbrauchen wollen, eine «allgemeine Aversion» gegen die französische Nation zu entfesseln. Und sie schließt den Brief mit folgenden Worten: «Kann man einen Fürsten schätzen und bewundern …, einen Enkel Frankreichs, der alles seinen Königen, alles dieser Nation verdankt, wenn er all das vergisst, was er ihnen schuldet, was er sich selbst schuldet …, nur um einiger elender Vorteile willen, einiger niederer Schmeicheleien irgendwelcher Hofschranzen und einiger kleinmütiger, empfindlicher Sticheleien willen, die jeden Menschen mit Entsetzen und Scham erfüllen müssen?»

Zu diesem Konflikt von Loyalitäten und Werten gesellt sich ein weiterer, der den zum Jugendlichen heranwachsenden Knaben noch viel stärker bedrängt. Seine starken sexuellen Triebe konfrontieren ihn mit der fleischlichen Sünde, er ist zerrissen zwischen den Forderungen seines Körpers und den Ansprüchen seines Glaubens. Er bekennt, dass er sich mit neun Jahren in eine Tänzerin verliebt hat, «aber wie ein Kind», nachdem er bereits in eine Dame verliebt war – «um deutlich zu machen, dass schon in den frühesten Jahren *die Natur zum Bösen neigt*».[32] Eine verzeihliche Sünde verglichen mit der Entdeckung, die er mit dreizehn Jahren macht, der Entdeckung des «ungeheuren Lasters der *manustuprazione*, ohne jedoch um dessen Schlechtheit zu wissen, auch wenn mein Gewissen es mir vorhielt, ein Vorwurf, der sich fast täglich wiederholte; ich bat indessen Gott um Verzeihung, ich beichtete es, aber da ich mich vor lauter Scham schlecht ausdrückte, verstand mein Beichtvater mich nicht und sagte mir, ich solle mir deswegen keine Gedanken machen. In diesem Monat Mai also wurde ich zum Mann, *vir.*»[33] Erneut gesteht er «einige Liebesgelüste nach einer Sängerin» und vor allem nach einer jungen Bäuerin aus Colorno, die sich vor ihm entkleidet hat. Wie aber ist all das mit der wachsenden Anziehungskraft in Einklang zu bringen, die das religiöse Leben auf ihn ausübte?

Im selben Jahr, 1764, richtet er sein Studierzimmer wie eine Kirche ein: «Die Tische und die Stühle waren die Altäre, und darüber hatte ich verschiedene Heilige gemalt [sage und schreibe neununddreißig!]. In den Zwischenräumen befanden sich die Mysterien des Heiligen Rosenkranzes. Zwei für Tintengläser bestimmte leere Metallgefäße, die ich mit Federhalter und Bleistift läutete, dienten mir als Glocken; und damit verlor ich Zeit fürs Lernen.»[34] All das natürlich hinter dem Rücken Keralios, der offenbar nur selten sein Studierzimmer betrat.

Die verschiedenen Porträts Ferdinands, die ihn von seiner Kindheit bis zum Erwachsenenalter darstellen, zeigen alle einen sinnlichen Mund, der die Nase der Bourbonen betont. Das Gesicht wirkt behäbig und fleischig, aber die hohe Stirn und der sanfte Blick verleihen ihm einen unleugbar edlen Ausdruck. Der mailändische Berater Giuseppe Pecis, der 1768 mit einem ersten Bericht über seine Person beauftragt wird, im Hinblick auf eine künftige Heirat mit einer Tochter Maria Theresias von Österreich, erwähnt seinen nur mäßig hohen Wuchs und seine Neigung zur Körperfülle, betont aber auch seine virilen Eigenschaften: «Der Infant hat für sein Alter und für einen

Blondhaarigen einen üppigen Bart. Er besitzt eine männliche und sonore Stimme, bewegt sich mit Gewandtheit und Anmut und scheint sehr kräftig zu sein … Ich hörte, dass er beim letzten Karneval mehrere Stunden lang äußerst lebhaft getanzt hat und am Ende nicht die geringste Erschöpfung zeigte … Eine Anekdote zeugt von seinem gesunden Temperament und gibt Aufschluss über seine Unschuld: Die ersten Anzeichen der Pubertät bereiteten ihm große Sorge, denn er fürchtete, die Veränderungen, die er an seinem Körper spürte, könnten auf ein beginnendes Nierensteinleiden hindeuten.» Um Näheres zu erfahren, setzt sich Pecis mit dem bevorzugten Kammerdiener des Prinzen in Verbindung, der ihm berichtet, «dass sein Herr fähig, ja überaus fähig sei, eine *zahlreiche und gesunde Nachkommenschaft* zu haben». Und glücklicherweise fügt der Berater hinzu: «Man kann keinen besseren Beweis für seine gute Gesundheit und Lebenskraft beibringen, denn selbst wenn er imstande wäre, seine Pflichten zu vernachlässigen und sich irgendeiner Ausschweifung hinzugeben, hätte er dazu so wenig Gelegenheit, dass er nicht der geringsten Liederlichkeit anheimfallen könnte.»[35]

In der Tat überwacht Keralio seinen Zögling, soweit er kann: «Er hat sich seiner Aufgabe so intensiv gewidmet», schreibt Pecis, «dass er in all diesen Jahren der Erziehung den jungen Fürsten niemals aus den Augen gelassen hat, weder tags noch nachts, außer um ihn während der Unterrichtsstunden dem Hauslehrer anzuvertrauen … Er beschloss, sich zum Kammerherrn ernennen zu lassen, in welcher Eigenschaft er ihm während seiner gesamten Minderjährigkeit stets bei Tisch aufgewartet hat und sich ganz und gar für den Erfolg der Erziehung verbürgen konnte.»[36] Diese etwas übertriebene – und vor allem hinsichtlich der Ergebnisse ziemlich optimistische – Sicht der Überwachung durch Keralio ist indes gar nicht so weit von der Wirklichkeit entfernt. Die mit dem Prinzen in Berührung kommen, allen voran die zahlreichen auf der Durchreise befindlichen Besucher, loben seinen Verstand, seinen Takt und seine Erziehung in höchsten Tönen. Innerhalb von vier, fünf Jahren verbreitet sich das schmeichelhafte Gerücht von einem außergewöhnlich gebildeten Prinzen, einem Kind der Aufklärung, das vom Erfolg der philosophischen Erziehung zeugt.

Auftrag erfüllt?
(1764–1769)

Der Ruf eines aufgeklärten Fürsten

1764 fasst Ferdinand den aufsehenerregenden Entschluss, sich impfen zu lassen. Höchstwahrscheinlich wurde er von Keralio und Condillac dazu ermutigt. Aber es ist eine persönliche Entscheidung, die, wie er weiß, im Widerspruch zur Position der Kirche steht und die sein Vater am Anfang nicht ohne Vorbehalt aufnimmt. Die Tatsache, dass seine Mutter und einige Jahre später, am 27. November 1763, seine geliebte Schwester Isabella an Pocken gestorben sind, weckt in ihm «den sehnlichen Wunsch, sich inokulieren zu lassen».[37] Es gelingt ihm, den Vater zu überzeugen, der daraufhin den berühmtesten Impfarzt Europas rufen lässt: den Impfarzt jener Fürsten, die als modern gelten wollen, den Doktor Théodore Tronchin. Dieser reist inkognito aus Genf an und appliziert ihm am 22. Oktober 1764 an beiden Beinen Vesikatorien. Die Operation ist ein Erfolg, der auch dem Ansehen des Geimpften zugute kommt. Zu dieser Zeit gilt die Inokulation nach wie vor als riskant und löst noch heftige Kontroversen unter den Ärzten aus, die teils der Kirche, teils dem Klan der Philosophen nahestehen.[38] Plötzlich erscheint Ferdinand als ein mutiger Prinz, nicht unbedingt ein Philosoph, doch zumindest dem Lager der Aufklärung zugehörig.

Im folgenden Jahr will es die grausame Ironie des Schicksals, dass Ferdinand auch noch seinen Vater durch die Pocken verliert. Als Don Philipp seine Tochter zum Hafen von Genua begleitet, wo sie sich nach Spanien einschiffen soll, um dort zu heiraten, erkrankt er und stirbt am 18. Juli 1765 in der kleinen Stadt Alessandria. Für Ferdinand ist es «das unglücklichste Jahr von allen»,[39] auch dasjenige, in dem «ich wirklich erkannte, wie sehr er an mir hing». Am Tag ihres Abschieds segnet ihn sein Vater und ist gerührt. Beide ahnen nichts Gutes. Ferdinand vermerkt: «Obwohl er nur für kurze Zeit fortging, fühlte ich, als ich ihn sich entfernen sah, einen solchen Schmerz und so großes Entsetzen wie nie zuvor … Es war das letzte Mal, dass ich ihn sah.»[40] Der Kummer, den der Verlust dieses sanften und zurückhaltenden Vaters ihm bereitete, war gewaltig. Mit vierzehneinhalb Jahren bleibt er als Einziger seiner Familie in Parma zurück, Vollwaise und zugleich neuer regierender Herzog, gemäß den Anweisungen seines Vaters an Du Tillot, der damals bereits Premierminister war. Alle staatlichen Organe leisten ihm unverzüglich den Treueeid, aber de facto hat weiterhin Du Tillot, seit einem Jahr Marchese di Felino, die Zügel der Regierung in der Hand, wie schon zu Zeiten Don Philipps. Traurig, melancholisch und zu jung, um die Regierung zu übernehmen, gibt sich der arme Ferdinand noch eifriger seinen religiösen Andachten hin. Keralio ist gerührt von der Verwirrung seines «lieben Kindes» und begleitet ihn regelmäßig zur Messe.

1765 beendet Condillac seine Arbeit als Hauslehrer.[41] Er will möglichst bald nach Frankreich zurückkehren, jedoch nicht ohne zuvor eine *Grand Tour* durch Italien unternommen zu haben. Schon lange vor Don Philipps Ableben waren Keralio, Du Tillot und er sich einig gewesen, dass Ferdinand seine Studien fortsetzen müsse. Keralio hat ihm bereits Grundkenntnisse in Geometrie, Algebra, Hydrostatik, Hydraulik, Astronomie, Geographie, Militärarchitektur und Artillerie vermittelt, aber man erachtet es für nützlich, dass er in der Kriegskunst (Verteidigung und Angriff), in Experimentalphysik und moderner Mathematik sein Wissen vervollständigt. Als herausragender Militäringenieur hatte Keralio sich um die Erstere zu kümmern. Was den Rest betraf, wandte sich Du Tillot an die untrennbaren Minoritenpatres Jacquier und Le Seur, die in Rom lebten. Sie genossen in Gelehrtenkreisen hohes Ansehen, insbesondere wegen ihrer Arbeiten über Newton. Nach zwei Jahren geheimer Verhandlungen[42] kommen die Patres Anfang November 1766 zu einem Aufenthalt von zwei akademischen Jahren nach Parma. Einige Wochen später äußern sie dem französischen Botschafter gegenüber «ohne Schmeichelei ihr Erstaunen darüber, mit wie viel Scharfsinn und welcher Leichtigkeit der Infant alles erfasst, was Gegenstand seiner Unterweisung ist».[43]

Der gute Ruf Ferdinands verbreitet sich wie ein Lauffeuer über die Halbinsel und über die Grenzen Italiens hinaus. Reisende, Diplomaten und alle, die mit dem jungen Fürsten in Berührung kommen, loben ihn und seine Lehrmeister in den höchsten Tönen. Von dem Abbé Coyer[44] über den Erbprinzen von Braunschweig[45] bis hin zu Duclos, dem Schriftsteller und ständigen Sekretär der Académie française,[46] heben alle die vortreffliche Erziehung hervor, die ihm eine für sein Alter und seine Situation erstaunliche Bildung und Reife verliehen hat. Bei der Rückkehr in ihre Heimat versäumen die Reisenden nicht, mit lobenden Worten darüber zu berichten. So äußert sich Duclos vor der Akademie, bei Hof und in den Salons voller Anerkennung über Ferdinand. Sicher, er war schon lange vor seiner Reise nach Italien eng mit Condillac befreundet; aber selbst wenn man dem flüchtigen Urteil der Durchreisenden nicht allzu viel Glauben schenken darf, wie könnte man die Aussage eines Pater Paciaudi anzweifeln, der seit 1762 in Parma lebt? Nach Don Philipps Tod sucht er sofort seinen Freund, den Comte de Caylus, in Hinsicht auf den jungen Herzog zu beruhigen: «Er ist zwar jung, aber da er stets beflissen war, sich aufs Regelmäßigste weiterzubilden, verfügt er über ein umfangreiches Wissen und richtige Regierungsprinzipien. Das hat er hinreichend bewiesen, mit den von ihm selbst stammenden Abhandlungen oder den Reden, die er im Regierungsrat gehalten hat und die seinem Alter wahrlich voraus sind. Er ist voller Menschlichkeit und will nur das Beste für seine Untertanen. Er ist gänzlich frei von Eitelkeit und Hochmut, er hat alle Qualitäten eines außergewöhnlichen Edelmanns. Seinen Staaten wird er gewiss Glück bringen und ein vollendeter Herrscher sein. All das verdanken wir Monsieur de Keralio und dem Abbé de Condillac.»[47]

Die verschiedenen französischen Diplomaten, die in Parma tätig sind, spenden nicht weniger Lob. Der Comte de Rochechouart erwähnt die baldige Rückkehr Condillacs nach Frankreich und bemerkt dazu: «Die Erziehung geht ihrem Ende zu, es war die gelungenste in ganz Europa, und der Lehrer hat so viel Mühe darauf verwandt wie wohl so bald kein anderer.»[48] Der Nachfolger des Comte, der Baron de La Houze, der sogleich eintrifft, spart ebenfalls nicht mit Komplimenten. Der junge Fürst pflegt einen maßvollen und geregelten Lebenswandel, und La Houze bewundert an ihm die «Talente privater Art verbunden mit den Tugenden der Herrscher. Er besitzt von

Natur aus einen klaren Verstand und ein vortreffliches Gedächtnis. Seine Stimmung ist stets ausgeglichen, und die sanfte Heiterkeit, die seine Physiognomie ausstrahlt, kündet von einer Gutherzigkeit, für die seine Untertanen ihn innig lieben. Sein besonderes Interesse scheint derzeit dem Militärwesen, den Wissenschaften, den Künsten und der Musik zu gelten … Die diversen Fragen, die er mir zwanglos stellt, lassen erkennen, dass er nicht nur gebildet ist, sondern dass er wünscht, sich weiter zu bilden. Er spricht gerne mit mir … über die Geschichte Frankreichs.» La Houze fügt indes hinzu: «Dieser Fürst hat noch kein einziges Mal seinen Willen erkennen lassen. Er folgt, was die Geschäfte betrifft, Punkt für Punkt den Ansichten des Marchese di Felino, und was sein persönliches Verhalten anbelangt, den Ideen von Monsieur de Keralio … [Dieser] ist dem Fürsten so innig und respektvoll verbunden, dass er ihn nicht eine Minute allein lässt und sich fortwährend darum bemüht, sein Herz mit allem zu nähren, was zu seinem Ruhme beitragen kann.»[49]

Sechs Monate später hält die Begeisterung des Botschafters unvermindert an: «Der Infant liebt nur Vergnügungen, die seiner Bildung dienen. Er arbeitet unermüdlich … Neben dieser wohlgefälligen Art zeigt er große Würde und so viel Strenge wie Entschiedenheit gegenüber denen, die ihre Pflichten vernachlässigen.»[50] Seine Bewunderung scheint im Laufe der Zeit sogar zuzunehmen. Im Mai und im November 1768 kommt er erneut auf die Talente und Tugenden Ferdinands zu sprechen: «Mit seinem glücklichen Naturell verbinden sich ein überragender Geist, ein gutes Gedächtnis und ein erstaunlicher Scharfsinn, sowohl was die Kenntnis der Menschen als auch was die Kenntnis der Gegenstände seiner Unterweisung betrifft. Die französische und die spanische Sprache sind ihm so vertraut wie die italienische. Er spricht perfekt Latein und lernt Deutsch und Englisch. Auch zeichnet er wunderbar und versteht die Musik von Grund auf, die ihm ein alltägliches Vergnügen ist … Je mehr ich ihn bei meinen regelmäßigen, bisweilen sehr privaten Besuchen, die ich ihm täglich abzustatten die Ehre habe, beobachte, desto mehr entdecke ich an ihm Begabungen und Tugenden, die von einem großen Fürsten künden.»[51]

Die Berichte der italienischen Gesandten Maria Theresias haben den gleichen Tenor, nur dass sie sich mehr für die Tugenden als für die Talente des Fürsten interessieren. Und da es sich um den künftigen Gemahl von Maria Theresias Tochter, der Erzherzogin Maria Amalia, handelt, sind sie verpflichtet, genau und wahrheitsgetreu zu berichten. Von Pecis bis hin zu Firmian betonen alle «die beispielhafte Besonnenheit», die Würde, die Einfachheit und den «vortrefflichen Charakter»[52] des Fürsten. Was Pecis anbelangt, hebt er vor allem seine glänzende Erziehung, seine Anmut beim Argumentieren und Reden sowie seine Herzensbildung hervor und bemerkt abschließend: «Im ganzen Lande herrscht Einmütigkeit über seine Güte, seine wohlwollende Milde, seine Tugendhaftigkeit, und keiner seiner Kritiker … bestreitet, dass alles an ihm eine glückliche Zukunft seiner Staaten erwarten lässt … Er ist den Italienern äußerst zugetan und sehr stolz darauf, Parmaer zu sein.»[53]

All diese Lobreden werden von einem Salon zum anderen, von einem Fürstenhof zum nächsten getragen. Aber seinen Höhepunkt erreicht der Ruf des Fürsten und seiner Erzieher, als Ferdinand dem Enzyklopädisten d'Alembert eine öffentliche Ehrung erweist. Vermutlich auf Betreiben Condillacs, der, wieder in Paris, gerade in die Académie française gewählt worden ist,[54] übersetzt Ferdinand mit Keralios Hilfe die Ansprache, die der Gelehrte und Philosoph auf den König von Dänemark gehalten hatte, ins Italienische.

Diese schöne Rede war alles andere als belanglos, denn sie handelte von dem gegenseitigen Nutzen, den Herrscher und Philosophen einander bringen können. Nachdem d'Alembert sie am 3. Dezember 1768 vor der Akademie der Wissenschaften gehalten hatte, wurde der Text übersetzt und im Januar 1769 d'Alembert zugesandt, begleitet von einem Brief Ferdinands, der in den philosophischen Kreisen großes Aufsehen erregte: «Die in Ihrer Rede geäußerten Wahrheiten», konnte man darin lesen, «sind Regeln für die Herrscher; ich habe sie übersetzt, um sie mir in meine Seele einzuprägen … Diese Rede bereitet mir eine umso größere Freude, als ich darin die Gefühle von Menschlichkeit wiederfinde, die man in mir schon als Kind geweckt hat [eine Hommage an Condillac und Keralio]. Ich spüre, wie viel die Aufklärung zum Glück der

Völker beitragen kann, wenn sie das Verhalten des Herrschers leitet. Und ich spüre auch, dass die Achtung vor denen, welche die Nationen aufklären, alle Sorgen des Regierens zu lindern vermag.»[55]

Besser hätte der junge Herrscher seine Ergebenheit gegenüber der Bewegung der Enzyklopädisten nicht ausdrücken können, die ihn sofort zum «Fürsten der Aufklärung» krönten. D'Alembert bedankte sich umgehend und ostentativ mit einem Brief, in welchem er nicht versäumte, das Werk der Erzieher hervorzuheben: «Die natürliche und überragende Verstandeskraft Eurer Königlichen Hoheit, gefestigt durch die vortrefflichste Erziehung, die wohl jemals ein Fürst erhielt, hat Eure Durchlaucht frühzeitig mit dem Nutzen der Wissenschaften bekannt gemacht ... Um Ihren Untertanen zu zeigen, wie sehr Sie selbst davon überzeugt sind, wollten Sie dies in der Muttersprache der Nation zum Ausdruck bringen, die Sie regieren. Wie glücklich ist diese Nation, Euer Durchlaucht, in Eurer Königlichen Hoheit einen aufgeklärten Herrscher zu haben! ... Europa tut Ihnen dies bereits kund, und meine schwache Stimme wiederholt es nur; es ist nur eine Frage von Jahren, den guten Ruf, der Sie schon heute begleitet, weiter zu mehren.»[56]

Die Philosophen konnten sich doppelt freuen: Nicht nur die Allmacht der Erziehung hatte man demonstriert, dank ihnen war auch ein wahrer Philosophenfürst geboren worden. Ferdinand seinerseits hatte einen Ruhm erlangt, der für einen kleinen Herzog aus Parma völlig unerwartet war. Von nun an ruhten viele Hoffnungen auf ihm, und sein gesamtes Tun und Treiben wurde mit Spannung verfolgt.

Die heimliche Sorge der Lehrmeister

Keralio, Condillac und Du Tillot haben ihre Zweifel an der Persönlichkeit des ihnen anvertrauten Kindes und jungen Mannes stets verhehlt. Man findet davon nicht die geringste Spur, weder in ihrer Korrespondenz mit Familienangehörigen noch in den Äußerungen, die durch ihre nähere Umgebung überliefert sind.[57] Im Gegenteil, gemeinsam scheinen sie beschlossen zu haben, Ferdinand als den Bilderbuchprinzen darzustellen, den wir soeben beschrieben haben. Vertraute nicht Du Tillot selbst, kurz nach dem Ableben des Infanten Don Philipp, dem Comte de Rochechouart an, dass ihn Ferdinands Reife überrasche, «dass dieser ihn ausgiebig und mit viel Urteilsvermögen über die [Staats]Geschäfte befrage»?[58]

Und doch sind bereits 1764 in den Briefen Condillacs und Keralios an Ferdinand Zeichen der Unzufriedenheit zu finden. Wegen seiner Impfung ist der dreizehnjährige Junge erstmals von seinen Lehrern getrennt; da diese noch nie an Pocken erkrankt waren, müssen sie dem Kind fernbleiben.[59] Sechs Wochen lang wohnt Ferdinand im Palast Pallavicini, isoliert, nur von seiner italienischen Kamarilla umgeben, das heißt einem Dutzend Personen, an deren Spitze sein offizieller Hofmeister steht, der Marchese

Bergonzi. In seiner Autobiographie[60] erscheint diese Zeit, in der er sich von der Anwesenheit seiner Lehrer befreit sieht, als eine der heitersten seines Lebens. Er entdeckt die Freiheit, zu spielen und sich zu amüsieren. Mit seinen Freunden aus Parma kann er sich seinen frommen Pflichten so widmen, wie es ihm beliebt, kann seine Reliquien hüten, den Rosenkranz beten usw. Manches von alldem kommt auf Umwegen seinen «Superioren» zu Ohren, die ihm jeden Tag schreiben und ihre Anweisungen übermitteln. Diese Korrespondenzen, die von der großen Zärtlichkeit Keralios und der zurückhaltenderen Zuneigung Condillacs zeugen,[61] sind voller Ratschläge (wie er den Mitgliedern seiner Familie zu schreiben hat), Empfehlungen und Ermahnungen zur Ordnung. Nachdem die anfänglichen Ängste um seine Gesundheit verflogen sind, begrüßt man es, dass er sich vergnügt, dass er sich in Gesellschaftsspielen übt, dass er zeichnen und Parmaisch sprechen lernt – aber mit Einschränkungen: «Es ist schön und gut, sich zu vergnügen», sagt ihm Keralio, «aber es darf einem dabei nicht schwindelig werden, und man soll nie vollkommen alles aus den Augen verlieren, was an Vernunft erinnert» (25. Oktober 1764). «Lesen Sie denn nie? Sie besitzen doch bezaubernde Romane von großer Heiterkeit …, und diese Lektüre, so frivol sie scheinen mag, kann zu den vernünftigsten und nützlichsten Gedanken der Welt anregen» (9. oder 10. November). Faulheit, kindisches Benehmen, all das ist kaum der Rede wert im Vergleich zu neuen, weit tadelnswerteren Angewohnheiten.

In seinem langen Brief vom 16. November macht Keralio aus seiner Unzufriedenheit keinen Hehl:

«Ich habe Ihnen etwas zu sagen, und wenn Sie das Folgende lesen, denken Sie daran, dass ein Freund zu Ihnen spricht, jemand, der nur Ihr Bestes will und dies so gut kennt wie sonst keiner aus Ihrer Umgebung [Anspielung auf die italienische Clique]. Ich hörte, Sie beten den ganzen Tag den Rosenkranz und umgeben sich hierfür mit mehreren Personen. Ich weiß nicht, ob Sie auf diese Idee kamen oder ob ein anderer Ihnen dazu riet, doch ich weiß mit Bestimmtheit, dass dies dem Papst sehr missfallen würde, wenn er es wüsste. Er wünscht sicher, dass Sie die Religion kennen, lieben und achten, aber er will auf keinen Fall, dass Sie glauben, sie bestehe aus *diesen kleinlichen Praktiken.* Wenn Sie zu Gott beten wollen, ziehen Sie sich in Ihr Gemach zurück und beten Sie allein zu ihm. Üben Sie sich in Demut vor Ihm und bitten Sie dieses höchste Wesen darum, Sie mit *den notwendigen Begabungen und dem nötigen Fleiß* auszustatten, damit Sie eines Tages gemäß Seinen Ratschlüssen die bedeutende Aufgabe erfüllen, zu der Er Sie auserkoren hat [im Klartext: im Moment besitzen Sie weder Begabung noch Fleiß].

Man hat mir außerdem gesagt, dass *Sie immmer wieder versuchen, den Parmaer Dialekt zu sprechen*; es ist gewiss sinnvoll, dass Sie sich daran gewöhnen, Italienisch zu sprechen, aber Sie sollten es in seiner reinsten Form sprechen. Ihre Adeligen bei Hof würden sich dann, um Ihnen zu gefallen, unmerklich daran gewöhnen, wie Sie zu spre-

chen. Um das zu erreichen, würden sie gut geschriebene Werke lesen und sich dank der Lektüre weiterbilden …
Man berichtete mir auch von einer Szene, die sich im Zusammenhang mit Monsieur Galli [einem Diener] zugetragen hat: Das ist eine Kinderei. Aber mein lieber Freund, sind Monsieur Galli und all die Leute seines Schlages etwa geeignet, an Ihren Spielen teilzunehmen? Sicher nicht. Sie dürfen sich Ihnen nur nähern, um Ihnen die Ihnen zugedachten Dienste zu erweisen und die Bekundungen Ihrer Güte zu empfangen, wenn sie sie verdient haben.»[62]

Die Rüge stößt nicht auf taube Ohren. Schon am folgenden Tag beglückwünscht Keralio Ferdinand dazu, dass er den Rosenkranz ausgelassen hat. Und er ruft ihn dazu auf, seinen Rat auch in den übrigen Dingen zu befolgen: «Sprechen Sie Italienisch, aber sprechen Sie es so rein wie möglich, und vor allem lassen Sie bei Ihren Spielen, in Ihrem engsten Kreise, nur Leute zu, die dafür geeignet sind.»

Mangelnder Ernst, Würdelosigkeit, Frömmelei, kindisches Benehmen: Das sind im Großen und Ganzen die Vorwürfe und Sorgen, die Keralio mit Condillac und einigen anderen teilt. Ein anonymes Porträt von 1769 konstatiert dieselben Mängel, wobei der Fürst zu diesem Zeitpunkt bereits achtzehn Jahre alt ist:

«Der Infant fühlt sich ganz als Parmaer und lässt sich leicht vor allem von Leuten beeinflussen, die ihn mit ihren Possen belustigen und auf diese Weise für sich einnehmen. Unglücklicherweise sind dies schlecht erzogene Leute, die nur auf ihren eigenen Vorteil bedacht sind und sich nicht im Geringsten um das, was sich für den Fürsten geziemt, noch um sein persönliches Wohl kümmern. Das sind also im Wesentlichen die Personen, mit denen der Infant Umgang hat, die einzigen, in deren Gesellschaft der Fürst sich wohl zu fühlen scheint. Die anständigen und zurückhaltenden Menschen begegnen ihm stets mit ernster Miene, aber er wirkt in ihrem Beisein etwas befangen und hält sich dafür anschließend mit den Leuten vom anderen Schlage schadlos. Diese schlechten Angewohnheiten des Infanten stammen aus der Zeit seiner Inokulation, als er törichten Dienern ausgeliefert war, die sich an ihn hängten, nur um ihn mit Parmaer Albernheiten vollzuschwatzen, die er alle behalten hat.»[63]

Nach Don Philipps Tod entwickelt Ferdinand in seiner Trauer und Melancholie eine Zuneigung zu den bigottesten und traditionalistischsten Personen aus dem engsten Umkreis seines Vaters: zum Vogt von Rohan und vor allem zum Conte Lucchino Del Verme, die Philipp beide bis zum letzten Atemzug Beistand geleistet haben. Er gibt sich nun noch mehr seinen Gebeten und Andachten hin, die er stets mit Kindereien begleitet. Zum Fest des Heiligen Rosenkranzes 1765 wohnt er der Messe, dem Abendsegen und der Prozession bei, was ihm «eine unsagbare Freude» bereitet. So weit, so gut, aber da man ihm nicht erlaubt, den Rosenkranz zu tragen, macht er sich aus Maiskörnern selber einen, an dem «die ‹Vaterunser› rot und die ‹Ave-Maria› gelb waren!»[64] Wenn man seine Inbrunst für «die dominikanische Religion» und seine Gebete für die Bewahrung des Glaubens («Macht, dass ich bereit bin, eher die furchtbarsten Qualen zu ertragen, als Euch untreu zu werden») noch begreifen kann, so stimmt die Anhäufung von Heiligenbildern und Reliquien, die er in seinen Schränken versteckt hält, doch nachdenklich. Condillac, der damals zur Kur in Lucca weilt und von seinem kindischen Betragen in Kenntnis gesetzt wird, zeigt sich wegen seiner Faulheit und geistigen Apathie besorgt: «Es gab eine Zeit, da Sie für meinen Unterricht Interesse zeigten. Inzwischen ist er Ihnen zur mechanischen Gewohnheit geworden. Ich wette, dass Sie nie an die Dinge denken, die Sie mit mir studiert haben. Ist es Ihnen jemals in den Sinn gekommen, einige der Bücher zu lesen, die Sie auf den richtigen Weg bringen könnten? ... Sie zeigen kein Interesse [mehr] am Lesen. Ich rate Ihnen, Euer Durchlaucht, beauftragen Sie jemanden damit, Ihre Wünsche und Ihre Neugier zu wecken.»[65] Und einen Tag nach diesem Brief schreibt er einen weiteren, worin er ihn anfleht: «Enttäuschen Sie nicht meine Hoffnungen, Euer Durchlaucht!»[66]

Im Jahr darauf macht der längst fünfzehnjährige Ferdinand seinen Lehrern weiterhin Sorgen. Der französische Botschafter, der ihn unablässig mit Lob bedenkt, berichtet indessen folgende Anekdote, die keines Kommentars bedarf: «Ich erhielt Monsieur de Keralios Danksagung für mein fortwährendes Bemühen, dem Infanten einige lehrreiche geschichtliche Aperçus zu vermitteln über Dinge, die ich gelesen oder gesehen habe … ‹Er schenkt›, fügte er hinzu, ‹dem, was Sie sagen, mehr Aufmerksamkeit als dem, was wir ihn lehren. Ich bitte Sie inständig, darin fortzufahren.›»[67]

Ganz offensichtlich langweilt Ferdinand sich. Er liebt das Theater, den Tanz, die Musik, die Gottesdienste und Reliquiensammlungen. Die Gesellschaft der Bäuerinnen zieht er dem Umgang mit den Hofdamen vor, und die der ungehobeltsten Leute dem Unterricht seiner Lehrmeister. Keralio versucht vergebens, standesgemäße Betätigungen für ihn zu finden, und äußert seine Besorgnis darüber, wie das tägliche Interesse des jungen Fürsten zu beschäftigen sei.[68] Sicherlich hat er sich Condillac anvertraut, der, kaum nach Paris zurückgekehrt, dort mit Fragen über seinen Zögling bestürmt wird. Der Hauslehrer täuscht seine Umgebung, nicht aber Ferdinand:

«Ich wurde letzten Dienstag [dem König] vorgestellt und zu Ihrer Person befragt. Ihre Erziehung hat hier für viel Aufsehen gesorgt, und man hat eine hohe Meinung von Ihnen. Ich habe diese Ansicht unterstützt, indem ich all das Gute gesagt habe, das ich über Sie denke, denn ich denke es tatsächlich. Aber Sie merken wohl, dass ich das Schlechte verschweigen musste, und diese Verheimlichung ist eine Lüge, denn sie sucht etwas vorzutäuschen. Ich werde mir diese Lüge mein Leben lang vorzuwerfen haben, wenn Sie sich nicht bessern, aber ich hoffe, Euer Durchlaucht, dass Sie sich so sehr bessern werden, dass man nichts von meiner Lüge ahnen wird. Wenn Sie nicht auf sich acht geben, werden Sie Ihren guten Ruf einbüßen, und die Öffentlichkeit, die sich für die Täuschung rächen will, wird Sie viel schlechter machen, als Sie sind. Die Geschichte Ihrer Erziehung, deren Veröffentlichung geplant ist,[69] wird das Urteil über Sie fällen, und man wird von Ihnen mehr als von jedem anderen Fürsten verlangen, denn in der Tat sollten Sie mehr taugen. Ihren derzeitigen guten Ruf verdanken Sie nicht einem Verdienst, für das man Ihnen Anerkennung zollt ..., er ist das Ergebnis hiesiger Schmeicheleien, denn hier glaubt man, dem König zu gefallen, wenn man viel Gutes über Sie sagt ... Doch diese Illusion ist nicht von Dauer. Einige ... sagen, dass, wenn Sie nichts taugen, dies weder Ihrem Hofmeister noch Ihrem Hauslehrer anzulasten sei. Ich fühle mich sehr geschmeichelt durch die Gerechtigkeit, die man uns widerfahren lässt und auf die sich derzeit Ihr ganzer Ruf gründet, aber ich würde mich noch geschmeichelter fühlen, wenn Sie den Beweis erbrächten, dass Sie unseren Bemühungen entsprochen haben. Ich würde mich zu Tode grämen, wenn die Öffentlichkeit Sie nicht so schätzte, wie ich Sie liebe.»

Im Folgenden bittet Condillac Ferdinand, ihm Briefe zu schreiben, die er in den Salons (insbesondere in dem des Duc de Nivernais) vorlesen kann, um zu zeigen, dass der junge Fürst nachdenkt, Überlegungen anstellt und nützlichen Beschäftigungen nachgeht – kurz, Briefe, die ihm Ehre machen. Und er schließt mit folgenden Worten: «Ich liebe Sie so sehr, wie ich Ihre Geburt und Ihren Rang achte; aber wann werde ich in Ihnen den bedeutenden Mann achten können?»[70]

Sorgt sich Condillac in Wahrheit mehr um den Ruf des Fürsten oder um seinen eigenen Ruf? Was immer er sagt, das Scheitern des Fürsten würde als das seiner Erziehung gelten oder womöglich, noch schlimmer, als das Scheitern seiner Philosophie. Unterdessen schickt ihm Ferdinand – möglicherweise mit Unterstützung Keralios – einen Brief, der ihn gänzlich befriedigt, «ohne Selbstgefälligkeit und in einem Ton, der zeigt, dass er versteht und tut, was er sagt». Er zeigt ihn stolz im Salon des Duc de Nivernais herum, wo sich alle erfreut darüber zeigen.[71] «Monsieur Duclos sagt sehr viel Gutes von Ihnen, aber Sie müssen sich weiter um seine Gewogenheit bemühen. Wenn Sie die Hoffnungen enttäuschen, die Sie während seines kurzen Besuchs in Parma in ihm geweckt haben, wird er, wie er hinzufügt, dies nicht verschweigen und mit dem Lob dessen, was Sie bisher gewesen sind, das tadeln, was Sie sein werden; Sie wissen, dass er Geschichtsschreiber ist ... Ich hoffe, dass unsere Hoffnungen nicht enttäuscht werden, es wird für mich kein größeres Vergnügen geben, als Sie glaubhaft zu loben.» Nebenbei empfiehlt er ihm einige solide Schriften über Geschichte und Politik, damit er die Ursachen «der Stärken und der Schwächen der Regierung» besser verstehe.[72]

1768, während Du Tillot und Choiseul über die künftige Hochzeit des Infanten mit der Erzherzogin Maria Amalia verhandeln, versucht der Berater Pecis, ein Urteil über seinen Glauben zu fällen. Dieser erscheint «gefestigt und wahr». Ferdinand empfängt die Sakramente, hört jeden Tag öffentlich die Messe und wohnt während der Fastenzeit zweimal die Woche der Predigt bei. Sein Beichtvater, der Abbé Gherarducci, ist ein Einzelgänger von «erleuchteter Frömmigkeit». Einigen Leuten sagt das zu, andere hingegen, die sich auf die Gedankenfreiheit berufen, «befürchten, dass er der Bigotterie verfallen könnte ... Andere glauben, dass er trotz der ausgezeichneten Erziehung, die er von Monsieur de Keralio und dem Abbé Condillac erhalten hat, seinen Verstand an unwichtige Dinge und Ziele verschwendet und folglich nicht genug Eifer und Geduld besitzt, um die Regierungsgewalt dauerhaft alleine innezuhaben.»[73] Die Wahrheit über seine Bigotterie enthüllt uns Ferdinand selbst in seinem Tagebuch, das er im Sommer 1768 auf seinem Landsitz in Colorno führt.[74] Freier als in Parma, gibt er sich hier seiner Frömmigkeit hin, ohne sich zurückhalten zu müssen. Es geht von Kirche zu Kirche, nichts als Segnungen, Orationen, Prozessionen, Heiligenfeiern, Gebete, Gesänge, Glockengeläute usw., und zwischendurch zahlreiche Besuche bei den Bauern und Mönchen aus der Umgebung, die seinen Aberglauben teilen.

Bevor Keralio Parma für immer verlässt, richtet er einige letzte Vorhaltungen an sein frisch verheiratetes «liebes Kind», um es an die Würde und die Pflichten seines Standes zu erinnern: «Nein, Euer Durchlaucht, was auch immer interessierte und böswillige Leute Ihnen darüber erzählen mögen, der rechte Glaube besteht nicht in dieser Vergötterung einzelner Bilder, nicht in diesen kleinlichen Praktiken, die Sie sich zur Pflicht zu machen scheinen. Die Kirche mag sie zugunsten des einfachen und gemeinen Volkes geduldet haben, das man mit Hilfe der Sinne zur Idee der Gottheit und der ihr geschuldeten Verehrung hinführen muss. Aber die Frömmigkeit eines aufgeklärten Fürsten kann und darf nur in einem reinen Glauben bestehen, in der Befolgung der Moral des Evangeliums und aller christlichen Pflichten. Es ziemt Ihnen folglich nicht, Euer Durchlaucht, sich, wie Sie es tun, unter das niedere Volk zu mengen und an frommen Andachten teilzunehmen, die nur für dieses bestimmt sind. Es ziemt Ihnen ebenso wenig, mehrere Stunden hintereinander mit den Mönchen zu verbringen. Würden Sie diese Zeit nicht besser darauf verwenden, sich in den Angelegenheiten Ihres Staates kundig zu machen und die nötigen Kenntnisse zu erwerben, welche die herausragende Stellung erfordert, in der der Himmel Sie zur Welt kommen ließ?»

Keralio, der Freund der Philosophen, wirft Ferdinand nicht seinen Glauben vor, sondern seine kindliche Leichtgläubigkeit, die sich für einen «aufgeklärten Fürsten» nicht schickt. Ebenso wenig missbilligt er, dass sich der frisch verheiratete Ehemann gut amüsiert, aber er bedauert «die Wahl seiner Vergnügungen», die es an Geschmack und Vornehmheit fehlen lassen:

«Lassen Sie es nicht an Achtung gegenüber sich selbst mangeln, Euer Durchlaucht, wenn Sie so hinter der Maske eines nichtswürdigen Possenreißers in Erscheinung treten? Von wem können Sie Respekt erwarten, wenn Sie sich nicht selbst respektieren? Glauben Sie, die Könige, Ihr Onkel [Karl III., der König von Spanien] und Ihr Großvater [Ludwig XV.], billigen es, dass Sie sich derart entwürdigen? Und fürchten Sie nicht, dass irgendein dreister Gazettenschreiber ganz Europa auf Ihre Kosten zum Lachen bringt? Ich sage Ihnen diese Wahrheiten nicht erst seit heute, Euer Durchlaucht, und Sie werden sie sicherlich eines Tages zu schätzen wissen, denn *es ist unmöglich, dass die Vernunft nicht wieder Besitz von Ihnen ergreift.*»[75]

Aber wenn Ferdinand diese Vernunft verloren hat, muss man sich fragen: Wie konnte das reizende Kind, dessen Eigenschaften Condillac bei seiner Ankunft in Parma rühmte, so tief sinken? Welche Verantwortung tragen seine Erzieher daran? Haben sie sich von einem scheinheiligen Kind zum Narren halten lassen? Oder ist es einfach verlorene Liebesmüh? In diesem Falle sähen sie sich gezwungen, ihre Erwartungen an die Macht der Erziehung herabzustufen, mit anderen Worten, die größte und schönste Kampfansage der Philosophen in Frage zu stellen …

Drittes Kapitel

Ein Mythos zerbricht

(1769–1771)

Ferdinand selbst bereitet seinem Ruf als «Fürst der Aufklärung» ein jähes Ende. Seine Hochzeit mit der Erzherzogin Maria Amalia am 19. Juli 1769 ist für ihn die Gelegenheit zu einer leidenschaftlichen Rebellion gegen seinen Premierminister Du Tillot und damit auch gegen die frankophile Clique. Innerhalb eines Monats geht am Hof alles drunter und drüber. Das junge Ehepaar begnügt sich nicht damit, die gesamte Etikette durcheinanderzubringen, es bekundet ostentativ seinen Willen, die Politik Du Tillots zu Fall zu bringen, das heißt, mit dessen entschlossensten Feinden zu regieren. Das Fanal wird gleich in den ersten Augusttagen gesetzt, als das Paar den Conte Lucchino Del Verme an den Hof zurückholt, der vier Monate zuvor nach Piacenza verbannt worden war. Dieser alte Freund von Ferdinands Vater ist eine Symbolfigur der Opposition gegen die Reformen und repräsentiert die reaktionärste aufrührerische Partei Parmas. Am 5. August meldet Du Tillot bei Maria Amalia seinen Protest an: «Ich habe Beweise, Madame, dass er mit seinen anstößigen Worten und ihrer boshaften Hochstapelei seit seiner Entlassung fortfährt …, dass seine in Parma und Piacenza gehaltenen Reden über die anstehenden Veränderungen so hochtrabend wie skandalös sind … Die Rückkehr des Conte Del Verme an den Hof … wird die Aufruhrstimmung unter den Mönchen und Geistlichen, deren Sache er unterstützt, weiter anheizen … Diese Anwesenheit zum jetzigen Zeitpunkt … versetzt mir einen schweren Schlag und lässt mir keine Möglichkeit, in Ehren zu dienen.»[1]

Am 26. August alarmiert der französische Botschafter Versailles, denn «Felino [Du Tillot] will seine Ämter niederlegen», er aber unternehme alles, um ihn davon abzubringen. Wenn Ferdinand und Amalia zwei Jahre benötigen, um den Premierminister loszuwerden, dann deshalb, weil dieser damals von den Höfen Frankreichs, Spaniens und sogar Österreichs rückhaltlos unterstützt wird, denn er gilt dort als Garant einer mutigen und vernünftigen Politik. Abgesehen davon überlebt Parma nur dank der Zuwendungen und dem Schutz der Franzosen und Spanier, was den Letzteren das Recht gibt, sich dem Willen des jungen Paares zu widersetzen.

Heirat und Jugendkrise

Kaum verheiratet, setzt sich Ferdinand vehement zur Wehr; aber auf eine kindische, heimtückische Weise. Obgleich er offiziell von seinen Lehrmeistern befreit ist,[2] benimmt er sich wie ein ängstliches Kind, das seine Streiche heimlich ausheckt und verübt. In der Tat ist er von der Fuchtel seiner Lehrer unter die Fuchtel seiner Frau geraten, die lauthals verkündet, allein in seinem Namen zu handeln, aber nur ihren eigenen Launen gehorcht.[3] In den ersten Monaten ihrer Ehe schieben sie sich die Verantwortung für die allgemeine Unordnung gegenseitig zu.

Amalia ist kein Unschuldsengel. Sie gilt als eine der intelligentesten Töchter Maria Theresias, ist energisch, lebhaft, autoritär und durchtrieben. Diese kapriziöse, eigensinnige und zugleich falsche Frau weiß sehr wohl, dass sie nicht Du Tillots Wunschkandidatin für die Heirat war, und trifft in Parma voller Groll gegen ihn ein. Fünf Jahre älter als Ferdinand, übt sie sogleich einen mächtigen Einfluss auf ihn aus und drängt ihn, die Regierung zu übernehmen. In diesen ersten Monaten ihrer Ehe ist ihr Verhältnis zueinander seltsam. Ferdinand wirkt im Gegensatz zu ihr verliebt[4] und gleichzeitig ängstlich. Das erklärt sich teilweise daraus, dass es ihm nicht gelingt, ihre Ehe zu vollziehen. Wie sein Cousin Ludwig XVI. wird er von Beschwerden geplagt, die es ihm verwehren, sein sexuelles Verlangen zu stillen. Es handelt sich nicht um eine Phimose, sondern um eine wohl aus mangelnder Hygiene resultierende Verkürzung des Vorhautbändchens, die ihm starke Schmerzen bereitet. Der ganze Hof weiß Bescheid, und La Houze kann dank der Indiskretion des Chirurgen einen detaillierten Bericht über die Ursachen der Impotenz und die erfolgte Behandlung nach Versailles senden.[5] Amalia muss sich bis zum 1. November gedulden, um Ferdinands Frau zu werden. Unschwer kann man sich vorstellen, welche Ausmaße ihre Unzufriedenheit und Ferdinands Erniedrigung im Laufe von dreieinhalb Monaten annehmen. Er benimmt sich wie ein beschämtes Kind gegenüber seiner Mama. Läppisch klatscht er mit beiden Händen der von Amalia beschlossenen Abschaffung der Etikette Beifall. Die Gemächer stehen jedem offen, der sich dort einfindet, und das herzogliche Paar vergnügt sich mit der Leibwache und den Dienern. Sie speisen sogar gemeinsam mit ihnen, auf Kosten der Botschafter und Minister. «Der Infant benimmt sich kindlicher als mit zehn Jahren, seitdem er von dem Zwang befreit ist, den Monsieur de Keralio ihm aufzuerlegen suchte, und findet alle neuen Einfälle der Infantin herrlich ... Er wird mit ihr am frühen Morgen zu den Dorffesten eilen, wo einige besondere Heilige verehrt werden, um dort den Messen beizuwohnen ... Seine Vergnügungen bestehen in Kinderspielen und im Aufführen italienischer Komödien, in denen der Fürst die Rolle des Brighella oder des Harlekin spielt.»[6]

Maria Amalia von Österreich, porträtiert von Martin M(e)ytens II., Schloss Schönbrunn, Wien

Wie ein Knabe verbirgt er sich hinter der Autorität seiner Ehefrau, die schwer auf ihm lastet, von der er aber gleichzeitig profitiert. Da er es nicht wagt, Du Tillot die Stirne zu bieten, bittet er sie, die Rückkehr von Del Verme zu verlangen. Der Premierminister durchschaut das Manöver und sendet eine subtile Analyse der Situation nach Versailles: Die Infantin tue so, als mischte sie sich in nichts ein, doch «ihre Worte verraten sie in jedem Moment, und der schwache Infant, der sich bedeckt hält, spielt mal mit, lacht sich ein andermal ins Fäustchen, schmollt dann wieder still vor sich hin, und oftmals lässt ihn alles gleichgültig … Man merkt, dass er die Infantin fürchtet, dass er sich über ihr Ungestüm beklagt, vor dem er in seiner Ohnmacht erzittert, und dass er manchmal deswegen leise murrt.»[7]

In der Tat fürchtet Ferdinand jeden, der Autorität zeigt. Gestern Condillac und Keralio. Heute Du Tillot und diese Gemahlin, die er noch nicht zu seiner Frau zu machen vermag. Aber nachdem ihm dies gelungen ist und seine Lehrer abgereist sind, findet er nach und nach zu einem Gleichgewicht in seinem Verhältnis mit Amalia zurück und beginnt nun vor allem, mit seiner Erziehung abzurechnen.

Vor seiner Abreise am 5. Oktober versucht Keralio, den Fürsten mit seinem Premierminister zu versöhnen. Beide Männer haben berichtet, wie sie, tief gerührt, einander in die Arme fielen und sich gegenseitige Treue schworen.[8] Aber sie hatten nicht mit Amalia gerechnet, die, voller Wut über diese Aussöhnung, damit drohte, die Scheidung einzureichen,[9] da die Ehe noch immer nicht vollzogen war. Sie erlangt von Ferdinand die Zusage, dass er Keralio vor dessen Abreise nicht wiedersieht. Wie schon berichtet[10] sagt der Hofmeister seinem Zögling vor der Abfahrt in einem Brief noch gründlich seine Meinung. Aber er verlässt Parma traurig und unzufrieden und tut dies auch kund.[11] Zurück bleibt Du Tillot, der zum Sündenbock des Infanten wird.

Dieser wirft ihm in einem ersten Moment seine Kirchenpolitik und die Verbannung des Conte Del Verme vor. Doch scheint Ferdinand bis zum Februar 1769 – wie seinerzeit sein Vater – Du Tillots Absicht gebilligt zu haben, dem Missbrauch der Privilegien, die die kirchlichen Orden damals genossen, ein Ende zu bereiten. Diese besaßen in den Staaten der Herzöge von Parma drei Viertel des Grundbesitzes und entrichteten keine Steuern. Nach sieben Jahren vergeblicher Verhandlungen mit dem Klerus und dem Papst hatte der Infant Don Philipp im Januar 1765 ein Edikt gegen diese Privilegien erlassen. Doch ohne großen

Erfolg, denn die Ordensgeistlichen betrogen schamlos bei der Erklärung ihrer Güter. Zwei Jahre später ließ Du Tillot Ferdinand weitere Edikte unterzeichnen, die die Weltgeistlichen der Steuerpflicht unterwarfen. Bei dieser Gelegenheit äußerte La Houze sein Erstaunen über die Genauigkeit und Entschiedenheit des jungen Fürsten in dieser Angelegenheit,[12] ließ aber nichts darüber verlauten, was dieser dazu sagte, als drei Monate später das Inquisitionsgericht in seiner Macht beschränkt wurde.[13] Dagegen weiß man, dass Ferdinand die Ausweisung der Jesuiten befürwortete,[14] die er als Feinde seines Hauses betrachtete.

Alles ändert sich Anfang 1769, als Du Tillot den Infanten innerhalb kürzester Zeit dazu drängt, die vier Edikte vom 30. Januar (zur Begrenzung der übermäßigen Zahl von Ordensleuten in den Klöstern, von Klöstern in den Städten, von Bettelorden und von als nutzlos betrachteten Laienbruderschaften) sowie das herzogliche Dekret vom 21. Februar zu unterzeichnen, welches das Inquisitionsgericht in seinen Staaten abschafft. Der Klerus reagiert darauf mit lautstarkem Protest, dem sich die italienischen Traditionalisten anschließen. Angeführt wird die Rebellion von Del Verme, der Ferdinand seit dem Tod von dessen Vater sehr nahe steht. Ganz offensichtlich teilt der Infant seine Empörung, denn später gesteht er ein, dass man ihn zur Unterzeichnung gezwungen hatte. Er habe nur unterschrieben, sagt er, «um den zufriedenzustellen, den ich fürchtete …, aber ich bereue es und sage es, damit man nach meinem Tod die Buße neben dem Fehltritt findet».[15]

Um der Aufruhrstimmung ein Ende zu setzen, beschließt Du Tillot, den achtzigjährigen Conte Del Verme seines Amtes als Hauptmann der Leibwache zu entheben und ihn vom Hof zu entfernen. In den Augen des Fürsten ein unverzeihlicher Akt, denn dieser betrachtet ihn als einen integren Mann und als «den einzigen», den er «liebte».[16] Tief betrübt über die Trennung, schreibt Ferdinand ihm heimlich drei, vier Mal in der Woche, um ihn über sein Exil zu trösten. Seit dieser Zeit keimt in ihm ein Hass auf den Premierminister, der nicht mehr zu besänftigen ist. «Tatsächlich hatte die Marchesa Malaspina, eine enge Freundin von Monsieur de Felino ..., diesem seinerzeit gesagt, dass der Infant seinen Schmerz verberge und es ihm eines Tages übel nehmen werde, ihn dazu veranlasst zu haben, diesen alten Militär zu verbannen, der für ihn wie ein Vater war.»[17] Aber da Du Tillot sich seines Einflusses auf den Fürsten sicher glaubt, hört er nicht auf die Marchesa.

Bereits im Oktober 1769 bemerken Du Tillot und alle, die mit dem Infanten in Berührung kommen, dass dieser ihn verabscheut. Paciaudi, der dem Minister sehr nahe steht, erklärt: «Der Infant hasst Monsieur de Felino noch mehr als seine Frau, denn *er fürchtet ihn*, und auf Grund seiner Frömmelei sieht er in ihm einen Verfolger der Kirche und einen Vernichter der Mönche.»[18]

Zu dieser Furcht äußert sich Ferdinand erst zwei Jahre später, als der Konflikt zwischen den beiden Männern seinen Höhepunkt erreicht. In einem Brief an einen unbekannten

Empfänger,[19] einer Art Anklageschrift gegen Du Tillot, dessen Entlassung er fordert, beginnt der junge Fürst damit, dass er die Grausamkeit anprangert. Er erinnert an die Härte seiner Erziehung, für die er Du Tillot allein verantwortlich macht. Seiner Darstellung nach waren alle davon unterrichtet und ließen ihm freie Hand. «Das hat ihn zu sehr in seinen Ansichten bestärkt, denn auf diese Weise prägte er mich nach seinen Ideen, wobei er mich *regelmäßig mit Fausthieben, Fußtritten und Stockschlägen einschüchterte.* Der arme Monsieur de K[eralio] glaubte richtig zu handeln, denn ich muss ihm gerechterweise zubilligen, dass er wie viele andere von diesem Mann getäuscht wurde ... Am Anfang waren die beiden zuweilen gegensätzlicher Meinung, aber er hat es verstanden, ihn für sich zu gewinnen.»[20]

Dieser Text wirft mehrere Fragen auf. Warum klagt Ferdinand Du Tillot wegen Dingen an, die er seinen Eltern nicht im Traume vorwerfen würde? Wiederholt hat der Minister daran erinnert, dass «die selige Infantin, die diese beiden Erzieher aus Paris kommen ließ, ihn sogar unter Eid dazu verpflichtet hatte, sich nicht in die Erziehung des Prinzen, ihres Sohnes, einzumischen».[21] Erzählte nicht Louise Elisabeth selbst der Comtesse de Toulouse, einige Monate nach Keralios Ankunft, dass Ferdinand häufig bestraft werde? Und vermerkt nicht Ferdinand in seiner Autobiographie für das Jahr 1757 «die zu große Strenge Keralios» sowie seine häufigen körperlichen Züchtigungen? Die Mutter stimmt allem zu, und der Vater sagt nichts:

Warum macht Ferdinand Du Tillot verantwortlich, indem er zu verstehen gibt, dass dieser seinen Hofmeister dazu überredet habe, ihn streng zu behandeln? Liest man die Anklageschrift, gewinnt man den Eindruck, dass die Strenge, die man dem Jungen gegenüber walten ließ, das gewöhnliche Maß jener Zeit überstiegen habe. Von Strenge sei man direkt in Grausamkeit verfallen. Aber sind «Fausthiebe, Fußtritte, Stockschläge» schlimmer als die Peitsche, mit der man damals alle Knaben erzog? Schließlich erwähnt Ferdinand immer nur die Bestrafungen durch Keralio, wobei er stets sehr darauf bedacht ist, ihn auf die eine oder andere Art zu entschuldigen. Über Condillac dagegen, seine Person oder sein Verhalten ihm gegenüber, schreibt er kein einziges Wort. Nun erklären aber italienische Zeugen mit Entschiedenheit: der Philosoph habe seinen Zögling terrorisiert. «Zahlreiche glaubwürdige Personen», so berichtet Angelo Pezzana, «die damals oder später mit dem jungen Fürsten sprachen, haben mir versichert, dass sie ihn häufig sagen hörten, Condillac werde ihm gegenüber so streng [insbesondere wegen seiner Bigotterie], dass er vor jedem Besuch des Hauslehrers zittere und alles verstecke, was ihn verärgern könnte, und das habe ihn dazu getrieben, sich duckmäuserisch und schüchtern ihm gegenüber zu verhalten.»[77]

Es ist nicht unmöglich, dass Condillac so hartherzig war, wie er hier beschrieben wird, aber es ist zu bezweifeln, dass er es auf Befehl Du Tillots war. Im Grunde macht Ferdinand Letzteren für alle seine Leiden verantwortlich, weil er als sein einziger Ansprechpartner und sein einziger Lehrmeister übrig geblieben war. Der Heranwachsende, der durch seine Heirat zum Mann geworden ist, will sich aller Fesseln seiner Kindheit entledigen. Jetzt gedenkt er, allein über sich selbst und Parma zu gebieten. Mit Amalias Hilfe kappt er auch die letzten Bande, auf die Gefahr hin, seinen guten Ruf dabei zu verlieren.

Ein erbarmungsloser Krieg

Der Fürst und sein Premierminister bekämpfen sich mit ungleichen Waffen. Du Tillot besitzt außerhalb Parmas einen überaus glänzenden Ruf. Kann man ihm auch einige zu aufwändige Unternehmungen zum Ruhm der Herzöge vorwerfen, so bestreitet doch niemand sein Verdienst, Parma eine beispiellose Betriebsamkeit und einen noch nie dagewesenen Glanz verliehen zu haben. Zudem unterhält er ausgezeichnete Beziehungen zu den Außenministern Choiseul in Versailles und Grimaldi in Madrid, die ihm für seine Politik, welche die beiden großen Schutzmächte respektiert, Anerkennung zollen. In Wien bekundet Maria Theresia persönlich ihr großes Vertrauen in diesen Mann und in seine Politik, und auch die jeweiligen Botschafter heben ihren Regierungen gegenüber stets die Besonnenheit des Marchese di Felino hervor. Dagegen

Guillaume Du Tillot, porträtiert von Pietro Melchiorre Ferrari, Galleria Nazionale, Parma

berichten sie seit August 1769 sehr negativ über die Eskapaden des Infanten und seiner Frau Amalia. Da Du Tillot gegenüber jedem, der es hören möchte, verlauten lässt, er denke nur noch an seinen Rücktritt, beginnt eine Art Panik die Hofkanzleien zu ergreifen, wo man befürchtet, dass Parma im Chaos versinkt.

Drei Versuche unternehmen die großen Mächte, das Herzogspaar zum Einlenken zu bewegen. An ihre familiären Bande und ihre finanziellen Zuwendungen gemahnend, suchen der Großvater des Infanten, Ludwig XV., sein Onkel Karl III. und seine Schwiegermutter Maria Theresia ihren ganzen Einfluss geltend zu machen. Der erste, mit der Königin und Kaiserin abgestimmte Versuch geht vom spanischen König aus. Am 1. Oktober 1769 erhält Ferdinand einen vier Seiten langen Brief seines höchst ungehaltenen Onkels, der fordert, dass Amalia sich nicht mehr in die staatlichen Angelegenheiten einmische und dass er selbst zu einem würdigeren Verhalten zurückkehre. Völlig kopflos bittet der junge Mann daraufhin Keralio um Rat, der sogleich die Versöhnung in die Wege leitet, auf die er schon vor seiner Abreise angespielt hatte. Doch Amalias Zorn und Drohungen machen jede positive Wirkung, die der Brief des Königs von Spanien haben könnte, zunichte, und sofort erreicht der Konflikt die nächste Stufe.

Vielleicht auf Verlangen Du Tillots beschließt Ludwig XV., einen Sonderbotschafter zu entsenden, um von dem Infanten Gehorsam einzufordern. Das Ziel der Mission, zu der Du Tillot Choiseul heimlich angestiftet hat,[23] umfasst fünf Punkte; sie sind in den Instruktionen aufgeführt, welche der Marquis de Chauvelin[24] vor seiner Abreise empfängt.[25] Als Erstes soll er den Infanten zur Aufgabe seiner «Dienstmagdsfrömmelei» bewegen, «die die Religion durch abergläubische Praktiken erniedrigt», und ihn daran erinnern, dass «es einem Fürsten seines Ranges nicht ziemt, von Mönchen beherrscht zu werden ... Man kann Mönch werden und kein Fürst mehr sein, aber wenn man Fürst ist, kann man nicht Mönch sein, ohne sich der Lächerlichkeit preiszugeben.» Als nächstes soll Chauvelin eine Säuberung des Personenkreises von Ferdinands engerer Umgebung fordern: «Selbstgefällige, Narren, Intriganten aus Niedertracht und Eigennutz [, die] seinem Ruhm abträglich sind.» Er muss sich dazu verpflichten, seinen Premierminister weitere vier Jahre im Amt zu belassen. Dieser, und zwar dieser allein, werde die Finanzen Parmas verwalten und über die Ausgaben entscheiden. Die beiden letzten Anweisungen sind Lektionen, die dem Herzogspaar zu erteilen sind, das man wie zwei Kinder betrachtet. Man müsse ihnen erklären, «dass man regieren lernen muss, bevor man regieren kann, und es scheint, dass der Infant die nötige Begabung, Vernunft und Ordnungsliebe vermissen lässt ... Es ist auch sinnlos, mit der Infantin über Regierungsgeschäfte zu reden, denn sie versteht nichts davon, und es ist ihr auch nicht verständlich zu machen ... Sie mag eine Abneigung gegen Franzosen und Spanier haben ..., aber weder ziemt es dem Infanten, noch wäre es politisch klug von ihm zu dulden, dass die

Infantin eine Meinung an den Tag legt, die gegen das Fürstenhaus gerichtet ist, dem er entstammt.» Zuletzt solle man dem Infanten einen Brief diktieren, in dem er seinen bedingungslosen Gehorsam gegenüber dem König erklärt.

Als Chauvelin am 28. November Parma verlässt, wähnt er sich als Sieger. Auftrag erfüllt: Der Infant hat alles versprochen und alles akzeptiert. Aber zutiefst gedemütigt, hat er sich vor dem Gesandten seines Großvaters nur beherrscht, um sich jetzt bei Amalia auszuweinen.[26] Er legt sich ins Bett und wird krank, während sie schon entschlossen ist, Widerstand zu leisten. Auch sie hat Chauvelin blinden Gehorsam versprochen, der prompt darauf hereingefallen ist. Den größten Scharfblick beweist wohl Pater Paciaudi, der in keinem Moment an einen Erfolg Chauvelins glaubt. Noch vor dessen Ankunft prophezeit er: «Es ist nicht zu ändern. Die Fürsten hassen die Franzosen aus tiefstem Herzen. Der Infant verabscheut Monsieur de Felino noch mehr als seine Frau ... Wer vermag dem lange standzuhalten?»[27]

Dennoch scheinen die Spannungen für einige Monate nachzulassen. Die Hofetikette wird bei Ferdinand wieder eingeführt (aber nicht bei Amalia); der Infant arbeitet – oder tut so, als arbeite er – mit Felino zweimal pro Woche. Der französische Botschafter hätte allen Grund, zufrieden zu sein, gäbe sich der Infant nicht immer häufiger «abergläubischen Praktiken religiöser Andacht hin ... Er trägt das Skapulier [der Dominikaner] unter seinem Hemd ...

Gerade hat er das Bildnis des Dominikanerpriesters Vicent Ferrer malen lassen, um es in einer der Kapellen der Benediktinerinnenklosterkirche San Paolo aufzuhängen, die an seinen Palast grenzt und in der er täglich die Messe hört … Mit einem Wort, der Infant verbringt oft drei, vier Stunden am Tag in Kirchen, und man hat bemerkt, dass er, als er auf seiner Empore allein war, den Boden geküsst hat.»[28]

Doch Ferdinand tut alles, um La Houze hinters Licht zu führen, und dieser notiert: «Am meisten wundert mich an diesem Fürsten, dass, wenn man ihm erzählen würde, ein anderer praktiziere die gleichen Dinge …, er nur darüber lachen und alles ins Lächerliche ziehen würde. Und in demselben Ton spricht er heute über die Unruhen, die sich an seinem Hof ereignet haben, so als sei von uralten Geschichten am Hof irgendeines persischen Königs die Rede.»

Will der Botschafter nur Versailles beruhigen, oder ist er taub und blind für das, was in Parma geschieht? Die zu Amalia entsandten diplomatischen Vertreter Maria Theresias (Knebel und Rosenberg) erreichen nichts und machen aus ihrer Unzufriedenheit keinen Hehl. Pater Paciaudi ist ebenso pessimistisch: «Sie haben mir befohlen, Euer Durchlaucht», schreibt er an Choiseul, «noch vier Jahre hierzubleiben. Ich muss Ihnen gehorchen, ungeachtet der Unannehmlichkeiten und der Tristesse, die hier herrschen … Es ist sehr hart, von morgens bis abends zu arbeiten, um Gutes zu tun, und gleichzeitig zu wissen, dass diejenigen, für die man arbeitet, einen hassen und, wenn sie nur könnten, alles zerstören würden. Wir befinden uns ungefähr in derselben Lage wie zuvor. Monsieur de Felino bereitet sich darauf vor, alles aufzugeben, sobald der festgesetzte Tag gekommen ist.»[29]

Die Ablösung des Botschafters La Houze durch Boisgelin im August 1770 ist der Auslöser für Ferdinands letzten Kampf mit Du Tillot. Schon im November macht der neue Botschafter Mitteilung von der allgemeinen Unzufriedenheit all derer, die die wichtigsten Ämter innehaben. Er selbst ist wütend darüber, dass er, ebenso wie der spanische Botschafter, nicht mit der gewünschten Achtung behandelt wird. Die Schuld daran, so sagt er, trifft nicht das Herzogspaar, sondern den Minister, der ihren Einfluss fürchtet. Boisgelin ergreift für Ferdinand und Amalia Partei. Er wird ihr Berater und Helfershelfer in dem verdeckten Krieg, den sie gegen Felino führen. Seine chiffrierten Briefe prangern «dessen autoritären und falschen» Charakter an, und er ist stolz darauf, «Monsieur Du Tillots Despotismus» entlarvt zu haben.[30] Dieser ist die Ursache aller Unruhen und aller Unzufriedenheiten!

Zweifellos spielt Boisgelin eine abscheuliche Rolle in der Krise, die im Januar 1771 zum Ausbruch kommt. Indem er für die Feinde Du Tillots Partei ergreift, stiftet er das Herrscherpaar zur Revolte an oder gibt zumindest seinen Segen dazu. Ferdinand löst die Feindseligkeiten durch einen offiziellen Brief an den König von Spanien aus:

«Ich achte die Befehle Seiner Majestät hoch; sie hat mir Du Tillot für vier Jahre zugewiesen, weil sie ihn für einen ehrlichen Mann hielt. Das ist er keineswegs, und Chauvelin hat sich schändlich von ihm kaufen lassen. Gott soll mich strafen, wenn ich lüge! In der Zeit nach meiner Heirat habe ich mich unwürdig benommen, und meine Frau ebenfalls … Ich tat es zum Teil deshalb, weil ich ihn degoutieren und zum Rücktritt zwingen wollte. Hätte er etwas Feingefühl besessen, wäre er darauf eingegangen … Nein, er wollte den Neffen Eurer Majestät demütigen …, ließ mich einen Brief schreiben, der mich zu seinem Sklaven machte … Er wird sagen, dass die Angelegenheiten der Mönche mich zum Reden bewegen; nein, ich habe diesbezüglich alles vergessen, aber soll ich mich, was die Regierung betrifft, gegenüber der Stimme meiner Völker und der Stimme meines Gewissens taub stellen? Ich will über meine Geschäfte unterrichtet werden … Es sollte eine Ratsversammlung stattfinden, und er kommt ganz allein … Er wird sagen, dass man hier Intrigen spinnt, er lügt. Alles ist ruhig. Er wird sagen, dass wir eifersüchtig sind, das ist falsch … Er wird gehasst, und man erzählt Schreckliches über ihn.»[31]

Ferdinand verlangt, dass die Könige Spaniens und Frankreichs Emissäre nach Parma entsenden, die die Situation persönlich beurteilen sollen. «Ich verlange, angehört zu werden», schließt er, «das wurde ich noch nie.» Karl III. erklärt sein Einverständnis: «Diese Einwände können wahr sein, die Gerechtigkeit verlangt, sie zu überprüfen.» Doch er verbirgt auch nicht seine Skepsis: «Das Unglaubliche daran ist, dass [Du Tilllot], obwohl er Ihrem seligen

Vater sein Leben lang als ein gebildeter Mann von Welt und eifriger Diener galt, so bösartig geworden sein soll.»[32]
Anfang Juli treffen die diplomatischen Vertreter der beiden Könige ein: der Comte de Durfort für Frankreich und Cevallos für Spanien. Bereits über Boisgelins Parteilichkeit unterrichtet, sehen sie sich einem erbosten Ferdinand und einer sorgfältig organisierten Volkserhebung gegenüber. Schon bei ihrem ersten Zusammentreffen fordert der Fürst von ihnen Felinos Amtsenthebung, was sie ablehnen. Um sich zu rächen, schickt er am 21. Juli Felinos Freunde, das heißt Paciaudi, die Marchesa Malaspina und einige andere, in die Verbannung. Gleichzeitig wiegeln Adelige, Priester und Offiziere, die den französischen Minister hassen, das Volk weiter gegen ihn auf.[33] Fest in der Hand der italienischen Clique, tut Ferdinand so, als habe er davon keine Ahnung, verlangt jetzt aber, Du Tillot «zu seinem besseren Schutz» vor dem Volkszorn ins Gefängnis zu stecken. Seine Gehässigkeit erreicht nun ihren Höhepunkt, wie ein Brief aus dieser Zeit bezeugt, den er nach Wien schickt: «Er ist ein schrecklicher Intrigant», der seinen Vater getäuscht hat, ein skrupelloser Mensch, der ihn versklavt hat, «er ist ein Spitzbube …, dessen Freunde allesamt Gauner sind, er hat weder Glauben noch Redlichkeit. Er ist im ganzen Land verhasst. Ich bitte darum, von ihm erlöst zu werden.»[34]
Durfort und Cevallos drohen damit, Parma zu verlassen, falls man gegen die Person Du Tillots vorgeht. Aber sie begreifen auch, dass, selbst wenn der Premierminister an

keinem der ihm vorgeworfenen Übel Schuld trägt, die Situation an einem Punkt angelangt ist, wo er abtreten muss. Der allseits bekundete Hass, der ihn umgibt, macht jede gütliche Verständigung unmöglich. Unterdessen wird Boisgelin nach Paris zurückberufen,[35] während man gleichzeitig über die Nachfolge Du Tillots nachdenkt. Die Wahl fällt auf einen Spanier, José de Llano, der am 2. November in Parma eintrifft. Zwei Wochen später verlässt Felino das Herzogtum,[36] ausgestattet mit einer respektablen, von Durfort ausgehandelten Rente. Er reist nach Spanien ab, ohne dass man ihm gestattet, von dem Infanten Abschied zu nehmen. Dieser drückt sich im letzten Moment, nachdem er sich schon bereit erklärt hatte, ihn zu empfangen …

Ferdinand hat seinen Krieg gewonnen. Doch um welchen Preis? Nach ihrer Rückkehr versäumen Durfort und Cevallos es nicht, an ihren Höfen über das, was sie in Parma gesehen und gehört haben, zu berichten. Alle ergreifen für Du Tillot Partei, mit Ausnahme vielleicht des Gesandten Maria Theresias, des Grafen von Firmian, der einen gemäßigteren Lagebericht abgibt. Tatsächlich ist ihm sehr daran gelegen, die Tochter seiner Herrscherin zu entschuldigen,[37] und er hat nie die geringste Sympathie für den französischen Premierminister bekundet.

Ein psychologisches Detail verdient hier größere Aufmerksamkeit. Nach zweijährigem Schweigen nimmt Ferdinand auf dem Höhepunkt seines Konflikts mit Du Tillot die Korrespondenz mit Keralio wieder auf.[38] Ein Bedürfnis, sich jemandem anzuvertrauen, oder das Verlangen, sich zu rechtfertigen? Wir kennen zwar nicht den Inhalt der ersten Briefe, dafür aber den der folgenden, die vom französischen Botschafter systematisch abgefangen und abgeschrieben wurden. Sie zeigen, dass der Hofmeister nicht zögert, seinen ehemaligen Zögling zu rügen,[39] aber man entdeckt in ihnen auch die Verwirrung des jungen Fürsten und zugleich ein Vertrauen und eine zärtliche Liebe zu Keralio, die alle boshaften Unterstellungen zum Schweigen bringen.

Viertes Kapitel

Wer hat Schuld?

War die eben zu Ende gegangene Krise nur ein jugendliches Bocken oder das Zeichen eines echten Willens zur Emanzipation? Markiert sie das Ende von Ferdinands Kindheit oder bringt sie die wahre Persönlichkeit des Erwachsenen ans Tageslicht? Und ist, wenn das Letztere der Fall ist, der schlechte Charakter Ferdinands verantwortlich zu machen oder eine Erziehung, der es an gesundem Menschenverstand mangelte? Wenn man die Berichte der Zeitzeugen liest, versteht sich die Antwort nicht von selbst. Sie hängt empfindlich davon ab, ob ein Franzose oder ein Italiener, ein Philosoph oder ein Geistlicher sich äußert.

Das Rätsel des Fürsten

Wer ist Ferdinand? Die Zeugenberichte sind sich über gewisse Züge seines Charakters einig, in Bezug auf andere

hingegen sind sie widersprüchlich. Vielleicht weil er selbst ein Knäuel aus Widersprüchen ist: Hat er zum Beispiel nur wie ein Papagei Keralio alles nachgeplappert, oder besaß er eigene intellektuelle Fähigkeiten? War er nur zu träge, um selbst die Zügel der Regierung in die Hand zu nehmen, oder wurde er sorgsam von ihr ferngehalten?
Eine von dem Berater Pecis überlieferte Anekdote aus der Zeit, als Ferdinand noch von allen gelobt wurde, gibt Anlass zu der Vermutung, dass einige Leute Zweifel an seiner Intelligenz hegten. Pecis erzählt, dass er gleich nach seiner Ankunft in Parma mit dem Infanten zusammengetroffen sei, ohne dass dieser Zeit gehabt habe, sich mit Keralio darauf vorzubereiten. Eine halbe Stunde lang habe der junge Mann mit ihm über diverse Themen gesprochen, «über Truppen, über das Studium, über Rom, und zwar mit viel Verständnis, Lebendigkeit und Scharfsinn».[1] Pecis scheint darüber zunächst verwundert, um ihm dann einen «regen und fruchtbaren Verstand» zu bescheinigen. Tatsächlich hatte über lange Jahre hinweg kein Außenstehender direkten Zugang zu Ferdinand, der wie eine Marionette Keralios und Du Tillots erscheinen mochte. Gleich bei seiner Ankunft vermerkt La Houze: «Monsieur de Keralio ist der tatsächliche Gradmesser von Wunsch und Wille des Prinzen ... Dieser hat noch kein einziges Mal seinen Willen erkennen lassen. Er folgt, was die Geschäfte betrifft, Punkt für Punkt den Ansichten des Marchese di Felino, und was sein persönliches Verhalten anbelangt, den Ideen von Monsieur de Keralio.»[2] Das Gerücht von einem Kind

und später von einem jungen Mann ohne eigene Ideen und ohne eigenen Willen findet so große Verbreitung, dass Firmian es 1771 ohne zu zaudern für seine Zwecke aufgreift: «Seine beiden Erzieher … besaßen das Geschick, wenn sich fremder Besuch einfand, ihrem Schüler brillante Reden beizubringen, die dieser dann dem Gast vorsetzte und die ganz Italien und ganz Frankreich von der hervorragenden Qualität der Erziehung überzeugten, die man dem Prinzen von Parma angedeihen ließ.»[3]

Dennoch bescheinigen ihm die meisten seiner Kritiker einen regen Geist, ein gutes Gedächtnis und eine große Bildung. Du Tillot verhehlt nicht seine Bewunderung, als Ferdinand ihm ein Werk zum Lesen gibt, das er gerade in italienischen Versen über die Italienfeldzüge Hannibals verfasst hat. Ebenso gibt er zu, dass bei seiner persönlichen Arbeit mit dem jungen Fürsten «alles, was der Infant sagt, einen wirklichen Kern von Verstand und Wissen erkennen lässt … [Er] redet oft wie ein Mann von aufgeklärtem Geist und benimmt sich immer wie ein Kind. Höchst seltsam ist, dass er sich manchmal damit vergnügt, Dinge ins Lächerliche zu ziehen, die er einen Augenblick später tut.»[4]

La Houze teilt Felinos Ansicht: Der Prinz ist «unbegreiflich», denn er ist voller «Widersprüche mit sich selbst».[5] Aber dieses Problem hat weniger mit seiner Intelligenz als mit seinem Charakter zu tun.

Ein weiteres Thema in der Debatte: Ist Ferdinand unfähig zu regieren, oder hat er sich von den Regierungsgeschäften ferngehalten, weil er die Politik seines Premierministers missbilligt? Firmian zufolge befindet er sich im Jahr 1771 in «absoluter Unkenntnis von allem, was seinen Staat, die Angelegenheiten seines Landes und seiner Finanzen betrifft. Von Zeit zu Zeit beklagt er sich darüber. Er sagt, dass man ihn von nichts in Kenntnis setzt, und Felino behauptet, dass er nichts wissen will.»[6] Zur selben Zeit rechtfertigt sich Du Tillot gegenüber Choiseul: «Viele Leute glauben, dass ich den Infanten zu wenig über seine Regierungsgeschäfte unterrichtet habe, um darin immer meine Autorität und Macht zu bewahren.» In Wahrheit aber zeigt sich der junge, vierzehnjährige Infant nach dem Tod seines Vaters im Ministerrat schlecht auf seine Aufgabe vorbereitet. Selbst die Minister, die so viel von seiner Erziehung und seinen Kenntnissen zu hören bekommen haben, sind darüber verwundert. «Ich redete mit Monsieur de Keralio darüber. Er selber gab dies zu und sprach, aus Gründen der Selbstachtung, von der Notwendigkeit, den Rat einstweilen auszusetzen, da er für den jungen Fürsten zu einer reinen Zeitverschwendung werde.»[7] Es wird beschlossen, dass Du Tillot Ferdinand die Führung der Regierungsgeschäfte anhand von Denkschriften beibringt und Keralio mit ihm das Finanz- und das Rechtswesen durcharbeitet. Nach eigener Aussage bewertet der Minister die ersten Ergebnisse als befriedigend. Er findet ihn «sehr gebildet für sein Alter», wissbegierig und mit «viel Urteilsvermögen für die Regierungsgeschäfte» begabt.[8] Ihr Verhältnis, so stellt er es dar, habe sich erst in dem

Moment verschlechtert, als er im Januar 1767 die vier Edikte gegen die kirchlichen Privilegien veröffentlichte, selbstverständlich von Ferdinand unterzeichnet. Man kann sich vorstellen, was für einen Druck Leute wie Bergonzi und Del Verme, sicher auch Ferdinands ehemalige und neue Beichtväter sowie die von ihm verehrten Dominikaner und womöglich schon der Pater Ferrari, der Brillanteste von ihnen allen, auf den jungen Fürsten ausübten. Es war die Zeit, sagt Du Tillot, in der «der Infant begann, diese Faszination und Zuneigung für die Ordensleute an den Tag zu legen, die man lange Zeit für einen Wesenszug seiner Kindheit gehalten hatte».

War Ferdinand bloß träge, gleichgültig gegenüber den Regierungsgeschäften, wie sein Vater, oder hatte er sich davon abgewandt, um nicht eine Politik zu unterstützen, die seinen innersten Überzeugungen zuwiderlief? Welches Gewicht hatte er, dieser junge Mann von inzwischen sechzehn Jahren, der es gewohnt war, sich der Autorität zu unterwerfen, gegenüber dem allmächtigen Du Tillot, der von ganz Europa bewundert und gelobt wurde, gegenüber diesem Inbegriff des «aufgeklärten Despoten», der sich in den 1760er Jahren so großer Beliebtheit erfreute? Wenn er schon nicht über die Möglichkeiten noch über genügend Charakterfestigkeit verfügte, um die Unterzeichnung der Edikte seines Premierministers zu verweigern, konnte er sich doch wenigstens der Regierungsverantwortung entziehen und Zuflucht in seiner immer glühenderen Religiosität finden. Diese Deutung ist nicht völlig von der Hand zu weisen, aber sie berücksichtigt zu wenig einen Wesenszug des Infanten, über den sich alle Zeugen einig sind: eine Art Infantilismus, der ihn zu Neigungen und Verhaltensweisen verleitet, die mit seinem Rang und seiner Erziehung unvereinbar sind.

Alle, die seit seiner Heirat näher mit ihm zu tun hatten, wundern sich darüber. Wie wir bereits lesen konnten, vermerkt ein Beobachter, dass er «sich vor allem leicht von Leuten beeinflussen lässt, die ihn mit ihren Possen belustigen ... Unglücklicherweise sind diese schlecht erzogenen Leute nur auf ihren eigenen Vorteil bedacht.»[9] Ganz ähnlich lauten die Vorwürfe Keralios in seinem Abschiedsbrief vom 3. Oktober 1769 oder die Beschwerden Maria Amalias.[10] Ferdinands Mangel an Menschenkenntnis und seine kindischen Vergnügungen werden auch zwei Jahre später von Durfort mit Nachdruck erwähnt: «Er hat keinerlei Ahnung von der Würde seiner Stellung. Bei aller Klarheit seines Verstandes, ja allem Scharfsinn, der ihn auszeichnet, führt man ihn leicht auf einen falschen Weg, ohne jedoch in seinem Geist das Prinzip zu zerstören, das diesen Weg verwirft. Er ist außerordentlich gutherzig und wird eher das Böse als das Gute tun, wenn das den Interessen der Person entgegenkommt, die gerade sein Ansehen genießt. Da ihm wahre Verdienste und die Einbuße seines Vertrauens gleichgültig sind, kann jeder, der darauf aus ist, es ohne Schwierigkeiten gewinnen ... Der gewöhnliche Zeitvertreib dieses Fürsten besteht darin, einige in der Gegend verstreute Kapellen zu schmücken und zu beleuchten oder sich mit den Bauern der verschiedenen Gehöfte zu amüsieren.»[11]

Einige betonen, «dass er sich ausgiebigst der italienischen Schliche bedient, um seine kleinen Leidenschaften zu stillen»[12] (ein offensichtliches Zeichen der Schwäche bei einem Herrscher), aber in erster Linie ist seine Umgebung wegen seiner bigotten Leichtgläubigkeit und der Einfalt seines Glaubens beunruhigt. Abgesehen davon, dass seine Frömmigkeit immer mehr von seiner Zeit verschlingt, ist Ferdinand ganz und gar dem Klerus hörig. Jetzt haben die Priester ihn in der Hand, jetzt sind sie die Drahtzieher. Kindisch, schwach und bigott: Der von den Philosophen erträumte «Fürst der Aufklärung» ist in weiter Ferne! Paradoxerweise sind nicht sie es, die seine Erziehung anprangern, um so ihren Glauben an die Macht der Kultur zu retten, sondern all jene, die mit dem Infanten und seinen Erziehern in Berührung gekommen sind.

Der Prozess gegen die Lehrmeister

Keralio und Condillac, die man bis 1769 überschwänglich gelobt hat, sind nun die Zielscheibe aller Kritik. Diese dreht sich im Wesentlichen um zwei Punkte: die Verleugnung der Kindheit und eine zu große Strenge. Als Erste hatte die Prinzessin Isabella, Ferdinands ältere Schwester, diese Mängel wahrgenommen. Aber sie hatte ihre Überlegungen für sich behalten.[13] Dagegen macht La Houze schon im September 1769 die bei Hof angeführten Gründe für das abwegige Verhalten des frisch Vermählten publik: Mit zu viel Gereiztheit und Strenge hätten sein Hofmeister und sein Hauslehrer es «sich beide zur Aufgabe gemacht, frühzeitig einen Mann aus ihm zu machen, was die Marquesa de González zu dem Ausspruch veranlasste …, sie bewundere zwar die Arbeit der Philosophen, aber daraus würde ein zehnjähriger Mann und ein zwanzigjähriges Kind entstehen. Ihre Prophezeiung hat sich erfüllt.»[14] Eine These, die Chauvelin in seinem Bericht über Parma aufgreift und verfeinert.[15] Er schreibt die offenkundigen Verhaltensstörungen des jungen Erwachsenen den pädagogischen Exzessen zu, denen er unterzogen wurde. Auf der einen Seite hat man dieses Kind nicht Kind sein lassen, in einem Alter, wo dies notwendig gewesen wäre. Auf der anderen Seite hat man ihm eine so unnachgiebige und strenge Erziehung auferlegt, dass er zur Verstellung und Heuchelei übergegangen ist, die einzigen Fluchtmittel für einen schwachen und kraftlosen Charakter. Selbst sein Hang zur Frömmelei wird auf seine Erziehung zurückgeführt. La Houze berichtet, Ferdinand habe ihm während eines Gesprächs gestanden, dass er «diese Art Angewohnheit» angenommen habe, «um sich von seinen Beschäftigungen abzulenken, die während seiner Erziehung zu großen Zwang auf ihn ausübten». Worauf La Houze erwiderte: «Wäre mir diese Aufgabe übertragen worden, hätte ich mich sogleich dieser frommen Ablenkung angeschlossen, indem ich ihm zur Pflicht gemacht hätte, täglich sechs verschiedene Kirchen in Parma zu besuchen. ‹Damit hätte man mir diese Neigung schleunigst ausgetrieben›, antwortete er mir lachend.»[16] Das ist zwar alles andere als sicher, aber immerhin zeigt diese Anekdote, dass jeder, der sich in Parma pädagogischer Fähigkeiten rühmte, überzeugt war, dass er diese Aufgabe besser erfüllt hätte als der Philosoph und der Militär.

Eine der entschiedensten Anklagen ist die des Grafen von Firmian. Nach nur einer Woche in Parma schließt er sich offen der vorherrschenden Meinung an: Der Infant hatte einen guten Charakter, der durch seine Erziehung verdorben wurde. «Er besitzt Anlagen zu Geist und Verstand, aber unter dem Anschein einer glänzenden Erziehung hat man diese geistigen Anlagen verdorben und diesen Verstand überdeckt.»[17] Er gesteht ihm sogar ein außergewöhnliches Gedächtnis und «ein großes Verlangen zu lernen» zu. Anstatt aber diese Talente zu fördern, «zwang man ihn mit *würdelosen Methoden*, sich fleißig der Astronomie, der Navigation und der Mathematik zu widmen … Man erdrückte ihn förmlich mit einer Geschichte voller Metaphysik …, die er geistig nicht verdauen konnte. Daher rührt seine Abneigung gegen jede Art von Studium und seine Flucht vor allem Fleiß. Die Vergiftung seiner ursprünglichen Achtung vor den beiden Lehrmeistern durch einen äußerst heftigen, tief empfundenen Hass hat sein Herz verdorben. Das hat ihn gelehrt, scheu und falsch zu sein.»[18] Firmian betont auch die verhängnisvollen Folgen einer widersprüchlichen Erziehung: Hinter dem Rücken Condillacs und Keralios gab der offizielle Hofmeister Bergonzi, ein «überaus engstirniger und abergläubischer» Mann, dem Infanten Maximen an die Hand, die das genaue Gegenteil von denen besagten, die ihn die Ersteren lehrten. «Der junge Prinz brachte alles durcheinander und geriet auf einen gänzlich falschen Weg. Um sich zu trösten, vergnügte er sich mit seinen Domestiken. Daher rührt seine Leidenschaft, sich rückhaltlos Leuten aus dem einfachen Volk auszuliefern.»

Mit der Zeit konzentriert sich die Kritik auf die Person Condillacs. Der Franzose Creuzé de Lesser notiert 1801, als er in Parma auf der Durchreise ist, was man dort über den Philosophen sagt: «Einer der fähigsten Männer, solange es gilt, ein Buch zu schreiben, aber einer der unfähigsten, sofern es gilt, einen Menschen zu erziehen.»[19] Man gibt seiner exzessiven Strenge die Schuld an der Bigotterie des Infanten, und man spricht ohne Zaudern von «Gewalt, die so weit ging, dass er ihm Fußtritte verpasste».

Pezzana, der damalige Wortführer der Parmaer,[20] erklärt Condillac zum einzigen Verantwortlichen der gescheiterten Erziehung. Dieser ernste Mann, dieser große Philosoph, sagt er, «wusste in der Praxis sehr wenig von den verborgenen Winkeln des menschlichen Herzens … Er erachtete es der Erziehung eines künftigen Herrschers für dienlich, schon in den ersten Jahren dessen [bigotte] Neigungen zu zerstören … Sie hätten im Gegenteil in einem solchen Übermaße befriedigt werden müssen, dass eine vollkommene Sättigung erreicht worden wäre, welcher meistens der Überdruss und dann der Verzicht nachfolgt.»[21] Für das Scheitern des Philosophen, so glaubt er, ist das Grauen verantwortlich zu machen, das dieser Ferdinand einflößte, und nicht der Infant selbst, entgegen den Behauptungen «der französischen Schriftsteller». Pezzana schließt nicht ohne Ironie: «Als Condillac 1767 seine Stelle aufgab, trug er das Bedauern aller und die allgemeine Bewunderung für sein Wissen und seine herausragenden Fähigkeiten mit sich fort. [Seine] Biographien erzählen uns, dass die Methode, der er mit seinem Zögling folgte, in ihrer Kühnheit und Einfachheit tiefgründig, aufgeklärt und außergewöhnlich war. Und genau das war sie, wenn man seinen *Cours d'études* betrachtet ...»[22]

Der Verdruss der Philosophen

Ihr Standpunkt ist dem der Italiener entgegengesetzt. Egal ob sie sich verbittert, ironisch oder betrübt geben, keiner von ihnen stellt die Erziehungsmethoden Condillacs in Frage. Als Erster reagiert d'Alembert. Unmittelbar vor Keralios Rückkehr nach Paris[23] macht er gegenüber Voltaire aus seiner Enttäuschung keinen Hehl: «Ich erhoffte mir doch ein wenig vom Infanten, dem Herzog von Parma, in Anbetracht der guten Erziehung, die er genossen hat; *aber wo keine Seele ist*, kann auch die Erziehung nichts ausrichten; ich hörte, dass dieser Fürst den Tag damit verbringt, Mönche zu besuchen, und dass seine österreichische und

abergläubische Frau das Sagen haben wird. O arme Philosophie! Was wird aus dir werden? Dennoch müssen wir standhalten und bis zum Ende kämpfen.»[24]
Ist es die Freundschaft, die ihn mit Condillac verbindet, seine Bewunderung für dessen Werke oder eine Art Standesdenken, die seine Worte diktiert? D'Alembert erklärt sofort den Erzieher für unschuldig. Wenn eine gute Erziehung ihr Ziel verfehlt, dann liegt die Schuld daran im Charakter des Zöglings. Jene seltsame Formulierung «wo keine Seele ist», die zur Erklärung des Scheiterns angeführt wird, bedeutet die Anerkennung der natürlichen Ungleichheit unter den Menschen – die schwer zu akzeptieren ist für den, der lange Zeit mit Rousseau befreundet war. Auch liegt darin das schmerzliche Eingeständnis, dass der Macht der Erziehung und damit der Philosophie Grenzen gesetzt sind. Nicht einen Augenblick lang kommt d'Alembert der Gedanke, dass eine andere Erziehung ein anderes Kind hervorgebracht haben könnte. Im Gegenteil, er konstatiert die Allmacht der Natur und befindet, dass die Erziehung im Falle Ferdinands nutzlos bleiben musste.
Diese grausame Feststellung, die völlig im Widerspruch zum Credo eines Helvétius, eines d'Holbach und sogar eines Rousseau steht, kann Diderot nicht im Geringsten überraschen. Seit der Veröffentlichung von Helvétius' *De l'esprit* (*Über den Geist des Menschen*) im Jahr 1758 sind seine Zweifel an der These der Empiristen bekannt. Helvétius' postum veröffentlichtes Werk *De l'homme* (1773,

Vom Menschen) gibt ihm Gelegenheit, seine Einwände zu vertiefen. Für Helvétius, Condillac und die Anhänger Lockes im Allgemeinen rühren die Unterschiede zwischen den Individuen allesamt von der Erziehung her, aus der sie regelrecht geboren werden. Helvétius betrachtet sogar das Genie und die Tugend als Produkte der Bildung und misst damit der menschlichen Vielfalt keinerlei Bedeutung bei. Aber Diderot braucht ihn nur an die Rolle der physiologischen Anlagen, der Gestalt des Gehirns und des Zwerchfells zu erinnern, die zu einer Ungleichheit der Geister führen. Wie könnte man leugnen, dass es dumme Menschen und Genies gibt? Die Erziehung kann nicht die Dummheit ändern, aber sehr wohl das Genie ersticken. «Ich wüsste gern», sagt er, «wie man der natürlichen Dummheit beikommen kann. Alle Menschen sind zwischen dem allerschärfsten Verstand und der vollkommenen Dummheit einzuordnen: zwischen Monsieur d'Alembert und Monsieur d'Outrelot. Und trotz aller Schulbildung bleibt jeder ungefähr auf seiner Stufe stehen … Wer sich auf eine höhere Stufe als die ihm von der Natur zugedachte emporgeschwungen hat, gerät dort ins Wanken, fühlt sich dort immer unwohl. Er grübelt tiefschürfend über einem Problem, das ein anderer löst, während man ihm die Haare eindreht.»[25]

Das heißt jedoch nicht, dass Diderot dem Einfluss der Erziehung keine Bedeutung beimisst. Bekanntlich hat er immer wieder auf die Notwendigkeit einer besseren öffentlichen Bildung hingewiesen. Und alle sind sich einig, dass sein *Plan d'une université* für Katharina II. von einem beachtlichen pädagogischen Bemühen zeugt. Ohne die Möglichkeiten der Erziehung zu überschätzen, weiß er, dass sie unverzichtbar ist, um «die angeborene Begabung zu vervollkommnen, wenn sie gut ist», aber dass sie diese ebenso gut «ersticken oder irreleiten kann, wenn sie schlecht ist». Im Falle Ferdinands ist Diderot nicht in der Lage, ein klares Urteil zu fällen. Er begnügt sich mit einer ironischen Bemerkung über Condillacs *Cours d'études*, «dieses exzellente Werk eines exzellenten Lehrers, der indessen nur einen dummen Schüler hervorgebracht hat».[26] Ob nun die Erziehung schlecht gewesen ist oder der Schüler unfähig, in jedem Falle ist der Beweis erbracht, dass die Erziehung nicht alles zu lösen vermag …

Überraschender ist das Schweigen Condillacs. Wir wissen nicht das Geringste über sein Bedauern oder eine etwaige Selbstkritik. Der *Cours d'études pour l'instruction du prince de Parme* (*Lehrbuch für die Unterweisung des Prinzen von Parma*), der 1775 in Zweibrücken veröffentlicht wird, sagt kein Wort über die Schwierigkeiten, denen er begegnet ist. Allenfalls findet man am Ende des «Einleitenden Diskurses» eine Überlegung, die sich auf seinen Zögling beziehen mag: «Es gibt undankbare Situationen; es gibt einen bestimmten Boden, in dem man die Fundamente nur mit großer Mühe legen kann: möglicherweise irrt man sich sogar, und das Gebäude stürzt in allen Teilen zusammen.»[27] Auf diese Weise kommt Condillac jeder Kritik an seiner Erziehung zuvor und schiebt die Verantwortung eines möglichen Scheiterns auf das «undankbare» Wesen des Prinzen. Seltsamerweise ist seine pädagogische Abhandlung nichts anderes als eine strikte Anwendung seiner philosophischen Entdeckungen aus den Jahren 1740 bis 1750. Die Konfrontation mit dem Kind aus Fleisch und Blut hat ihn nicht einen Zollbreit davon abrücken lassen. Gleichwohl ist die von ihm erwähnte Möglichkeit eines schlechten Charakters ein Zugeständnis an diejenigen, die meinen, die Fähigkeiten eines Menschen seien alle angeboren, und sie widerspricht seinen eigenen philosophischen Postulaten. Weder er noch d'Alembert noch Voltaire haben das bemerkt. Umso weniger, als Letzterer eine scherzhafte Bemerkung in Umlauf gebracht hatte, die sich als recht unglücklich erwies. Sowie Voltaire von der Ankunft des atheistischen Philosophen Deleyre in Parma erfuhr, spottete er: «Der Infant von Parma wird in guter Gesellschaft sein. Er wird einen Condillac und einen Leire bei sich haben. Wenn er dann noch frömmelt, muss die Gnade Gottes sehr stark sein.»[28]

Dass ein so angesehener Philosoph wie Condillac gescheitert war, war schon für sich sehr unangenehm, aber dass er obendrein einen Fürsten erzogen hatte, der sich einer falschen Frömmigkeit zugewandt hatte, war schlicht unerträglich. Da war es besser, über alles einen Mantel des Schweigens zu breiten und Parma zu vergessen.

Der Einzige, der seine Betrübnis bekundete, war Keralio, vielleicht weil er Ferdinand liebte und Briefkontakt zu ihm und anderen in Parma hielt. Mehrfach gestand er dem Pater Frisi seine Befürchtungen um den «so schlecht beratenen» Fürsten und um Parma, das «in die Barbarei zurückfallen wird, vor der wir es vergeblich zu bewahren suchten».[29] Keralio hatte nicht Unrecht, sich nach Du Tillots Rücktritt zu beunruhigen: Die Anhänger der Aufklärung, das heißt Leute wie Paciaudi, der Abbé Millot oder Venini, verschwanden einer nach dem anderen. Auf Ferdinands Geheiß fiel das Herzogtum in die Hände der Kirche und der reaktionärsten Italiener.

Fünftes Kapitel

Der Fürst der Frömmler

(1772–1780)

Nach Du Tillots Abreise im November 1771 hatte es der Gesandte des spanischen Königs, José de Llano, in Parma fast ebenso schwer wie sein Vorgänger. Ungeachtet der strengen Anweisungen Maria Theresias machte Amalia weiterhin, was sie wollte, häufte Schulden wie Launen an und hetzte Ferdinand gegen seinen neuen Minister auf. Das Herzogspaar wollte allein regieren, um niemandem Rechenschaft schuldig zu sein. Ungereimtheiten und Unordnung nahmen ein solches Ausmaß an, dass die Schutzmächte Parmas zunächst in Betracht zogen, die Fürsten sich selbst zu überlassen, das heißt, ihnen jegliche finanzielle Unterstützung zu entziehen, und dann erwogen, den Infanten nach Spanien zu schicken und Amalia und ihre Tochter in ein Kloster zu sperren. Man sprach sogar davon, Truppen zu entsenden …

Ferdinand kommt allen zuvor und entlässt Llano am

24. Oktober 1772 mit den Worten: «Ich beabsichtige zu regieren und dessen auch fähig zu sein.»[1] Drei Tage später überträgt er das Ministerium dem «abergläubisch frommen, von den Bischöfen und dem gesamten Klerus unterstützten»[2] Conte di Sacco. Tief gekränkt stellen die Könige von Spanien und Frankreich alle Zahlungen an den Infanten ein. Maria Theresia ihrerseits hat schon vor mehreren Monaten jede Beziehung zu ihrer Tochter abgebrochen und erklärt: «Für mich ist sie gestorben.»[3]

Als sich die Lage in Parma als unerträglich erweist, handelt Ferdinand mit seinem Onkel Karl III. eine vorübergehende Rückkehr Llanos für wenige Monate aus,[4] gegen das Versprechen, ihn danach abzuberufen und Ferdinand in Zukunft allein regieren zu lassen. Keralio erteilt ihm daraufhin eine feierliche Warnung: «Der Zeitpunkt, zu dem [Llano] Sie verlassen wird, wird für Sie, Euer Durchlaucht, ein kritischer Moment sein. Seien Sie sicher, dass dann aller Augenmerk auf Sie gerichtet sein wird und dass, wenn man in Ihrem Verhalten nicht die Besonnenheit, die Weisheit und die Entschlossenheit erblickt, die man von einem regierungsfähigen Fürsten erwarten darf, Ihr guter Ruf für alle Zeiten verloren sein wird. Im Übrigen denkt man das nicht nur in Spanien, wie Ihre teure Frau Schwester Ihnen gesagt hat; in diesem Lande hat man dieselbe Meinung von Ihnen sowie überhaupt in ganz Europa … Bald werden Sie der Gebieter sein. Gebe Gott, dass Sie die Vergangenheit vergessen machen! Aber vergessen Sie selber nie, dass, wenn Sie sich schlecht betragen, Sie keine Möglichkeit der Rechtfertigung haben werden.»[5]

Endlich frei

Frei, nach seinen Überzeugungen zu regieren

Nachdem er den Conte di Sacco abermals zum Staatsminister ernannt sowie vier neue Berater berufen hat, veranlasst Ferdinand die Beförderung seiner früheren Freunde, die Felino vom Hof entfernt hatte. Der Conte Del Verme wird wieder in alle seine Ämter eingesetzt, und der berühmte Pater Vincenzo Domenico Ferrari wird Ferdinands Beichtvater. Dieser steht im Ruf, einer der spirituellsten Ordensmänner Italiens zu sein, und kennt zugleich die Menschen und die Fürstenhöfe ebenso gut wie die Theologie, die er an der Universität von Parma lehrt. Es heißt, er habe Ferdinand seit seiner frühesten Kindheit beeinflusst und «einen Weg gefunden, heimlich seinen Eintritt in den Dominikanerorden zu ermöglichen, trotz der Überwachung durch seine Erzieher»,[6] weshalb Du Tillot ihn im November 1769 verbannt hatte. Bereits im Herbst 1773 kehrt Ferrari aus dem Exil an die Seite des Fürsten zurück, der eine große Zuneigung zu ihm zeigt. In Colorno, während «stundenlanger moralischer und theologischer Konferenzen»,[7] vertraut der Infant ihm seine Empörung über die gegen den Heiligen Stuhl gerichtete

Politik an. Er denkt nur daran, sie rückgängig zu machen, «um [seiner] Seele und [seinem] seit vielen Jahren ruhelosen Gewissen den Frieden zurückzugeben».[8] Der Theologe, der sofort begreift, welchen Nutzen die Kirche aus diesem schlechten Gewissen ziehen kann, ermuntert ihn zu dem berühmten Brief an Papst Clemens XIV. vom 6. November 1773. Ferdinand bekundet darin seine Betrübnis über den vergangenen Krieg zwischen Parma und Rom, missbilligt implizit die Politik Felinos und verspricht, sich bei den Königen Frankreichs und Spaniens dafür zu verwenden, dass man dem Vatikan die aus Vergeltung besetzten Gebiete zurückerstattet. Der Papst bezeigt ihm sogleich seine Genugtuung und versichert ihn seiner «väterlichen Liebe».[9]

Es ist offenkundig, Ferdinands erste politische Handlung ist eine Geste der Unterwerfung gegenüber der Kirche, der noch viele andere folgen sollen. Der neue französische Botschafter, der Comte de Flavigny, alarmiert Versailles: Die Personen, die den Fürsten umgeben, suchen, in ihm Gewissensbisse zu wecken wegen der Behandlung, die den Geistlichen unter dem Minister Felino zuteilwurde. Diese bedienen sich aller verfügbaren Mittel, um ihre Besitzungen zurückzuerhalten und keine Steuern mehr zu zahlen. Flavigny sieht sehr wohl, dass «die exzessive Frömmigkeit des Infanten und seiner Minister, das hohe Ansehen seines dominikanischen Beichtvaters Pater Ferrari, der sich zum Fürsprecher seiner Konfratres macht …, dass all das es ihnen erleichtert, dem Fürsten ins Gewissen zu reden und ihn zur Wiederherstellung der von ihnen gewünschten Zustände zu bewegen».[10] Füge man dem noch die Intrigen des Bischofs von Parma und den Respekt hinzu, den er Ferdinand und den Frömmlern bei Hofe einflößt, erscheine es als sehr wahrscheinlich, so glaubt er, dass sie ihr Ziel erreichen werden. Der Diplomat befürchtet, dass der Fürst infolge seiner übermäßigen Frömmigkeit große politische Fehler begeht. Neben der Abschaffung der kirchlichen Steuer, die ein beträchtliches Defizit in seinen Einnahmen verursachen würde, nennt er die Wiedereinsetzung des Großinquisitors und die Wiedereröffnung der geschlossenen Klöster. Befürchtungen, die leider gerechtfertigt sind, denn genau diese Maßnahmen werden den Kern von Ferdinands politischem Programm bilden.

Unterdessen beginnt es in dem immer tiefer verschuldeten und lethargischen Parma zu rumoren. Durch einen seltsamen Zufall wird während des Osterfests 1776, als sich der Infant einer zur Schau gestellten Frömmigkeit hingibt, in der Stadt ein Auszug aus dem *Journal encyclopédique* über den *Cours d'études* verteilt, worin jedermann diesen warnenden Hinweis Condillacs nachlesen kann:

«Wenn Ihre Frömmigkeit nicht aufgeklärt ist, werden Sie Ihre Pflichten vernachlässigen und sich nur um kleinliche Praktiken kümmern. Weil das Gebet notwendig und gesund ist, werden Sie glauben, immer beten zu müssen, und da Sie außer Acht lassen, dass die wahre Gottesfurcht darin besteht, zuerst Ihrem Stand gerecht zu werden, wird es nicht von Ihnen abhängen, ob Sie an Ihrem Hofe wie in einem Kloster leben. Die Heuchler werden sich immer zahlreicher um Sie scharen. Die Mönche werden ihre Klausen verlassen. Die Priester werden ihren Dienst am Altar aufgeben, um sich am Anblick Ihrer frommen Werke zu erbauen. Verblendeter Fürst! Sie werden nicht merken, wie sehr deren Tun im Widerspruch zu ihren Worten steht. Sie werden nicht einmal bemerken, dass die Menschen, die Sie dafür loben, dass Sie immer am Fuße der Altäre zu finden sind, vergessen, dass es ihre eigene Pflicht ist, dort zu sein. Sie werden unmerklich ihren Platz einnehmen und ihnen den Ihren überlassen; Sie werden ständig beten und glauben, Ihr Seelenheil zu sichern; jene hingegen werden aufhören zu beten, und Sie werden glauben, dass sie das ihre sichern. Seltsamer Widerspruch, der die Diener der Kirche pervertiert, um aus ihnen schlechte Diener des Staates zu machen.»[11]

Ob Ferdinand die Warnung verstanden hat? Es sei dahingestellt. Immerhin scheint er sich von dem Hass befreit zu haben, den er gegen Du Tillot und dessen Freunde gehegt hatte. Ende 1777 holt er Pater Paciaudi zurück,[12] der seit fünf Jahren zurückgezogen in Turin lebt, um mit seiner Hilfe Ordnung in die öffentliche Bildung und in seine Bibliothek zu bringen. Einige Monate später schafft er die Generalsteuerpacht ab, die von Llano in seinen Staaten eingeführt wurde, und unterstellt den Einzug der Steuern wieder staatlicher Regie wie zu den Zeiten Du Tillots. Dieser erlangt gewissermaßen seine Gunst zurück, auch wenn es ihm nicht mehr vergönnt ist, dies zu erleben.[13] Flavigny vermerkt: «Der Infant, der die Fähigkeiten Felinos wieder zu schätzen weiß, hat befohlen, dass die neue Regie gemäß den Prinzipien dieses Ministers eingerichtet wird, dessen Andenken er gern Gerechtigkeit widerfahren lassen möchte, seitdem er die verschiedenen Bereiche der Verwaltung kennenzulernen beginnt.»[14]

Nichtsdestoweniger hat Ferdinand noch immer nicht Felinos Politik zur Verteidigung der Hoheitsrechte gegenüber der Kirche verdaut. Von seinem schlechten Gewissen gepeinigt, das seine Umgebung geschickt weiter anstachelt, und mit Sacco als Premier- und einzigem Minister, lässt er Schlag auf Schlag elf der insgesamt zwölf geschlossenen Klöster wiedereröffnen und das Inquisitionsgericht wieder einsetzen.[15] Diesmal bekundet das Volk lebhaft seinen Unmut: «Trotz des Aberglaubens, der fast überall in diesem Lande herrscht», bemerkt Flavigny, «wurde die Wiedereinführung der Inquisition hier sehr schlecht aufgenommen. Die Einwohner von Piacenza zum Beispiel, die recht ungestüm und widerspenstig sind, haben die meisten Aushänge zerrissen und die noch übrig gebliebenen mit den ekelhaftesten Unflätigkeiten besudelt.»[16] Ohne so weit zu gehen, murrt die Mehrheit gegen die immer weiter gehenden finanziellen Vorrechte der Kirche und die grenzenlose Ehrerbietung der Regierung gegenüber dem Klerus. «Wir sind an einem Punkt angelangt, wo die weltlichen Leute keinerlei Gerechtigkeit gegenüber den Geistlichen erlangen können. Diesen wird immer aufs Wort geglaubt, während die anderen, mit Rechtstiteln und Zeugen versehen, von der Justiz abgewiesen werden, nach dem Grundsatz, es sei undenkbar, dass ein Diener der Kirche Meineid begehen kann.»[17]

Ferdinand nützt es wenig, dass er im August 1781 Sacco entlässt. Ihm hängt bereits der Beiname «Fürst der Frömmler» an, und er wird ihn nie mehr loswerden.

Frei, zu leben, wie er will

Von 1774 an hat Ferdinand seiner Religiosität freien Lauf gelassen. Die meiste Zeit verbringt er in Colorno, fernab der kritischen Blicke Parmas, und kann so hemmungslos all seinen Devotionen frönen. Er gibt beachtliche Summen für die Errichtung von Kapellen und anderen frommen Einrichtungen aus und widmet einen Großteil seiner Zeit den Mönchen. Er unternimmt zahlreiche Wallfahrten, nach Loreto (Mai 1775, Oktober 1779), nach Sardinien (Oktober 1775), nach Bologna (Juni 1776, Mai 1778) oder in den Apennin (April 1779). Keine Prozession, bei der man ihn nicht seine öffentlichen Andachten verrichten sieht. Die Zeitungen verspotten ihn, aber es kümmert ihn nicht. Nichts liebt er so sehr, wie auf seinen Reisen bei den Dominikanern zu nächtigen und mit Kapuzinern die Mahlzeiten zu teilen, die er ihnen zum Zeichen der Demut selbst serviert. Er ist in der Lage, am selben Tag bei größter Hitze zweimal nach Parma zu fahren, um an zwei Messen teilzunehmen.[18]

Aber selbst wenn Wachen, Fasten und Beten seinen Alltag bestimmen, ist Ferdinand keineswegs ein trübseliger und strenger Mensch. Er liebt den Tanz, das Theater und die Schauspielerei. Nachdem er die Unvereinbarkeit ihrer Neigungen und Lebensweisen erkannt hat, trennt er sich von Amalia auf gütlichem Wege. Sie herrscht allein über das Landgut Sala, wo sie mit ihren Pferden und Hunden lebt, mehrere Meilen von Colorno entfernt. Und er ist glücklich, sich seinen Aktivitäten widmen zu können, ohne von ihr gestört zu werden. Das hindert die beiden jedoch nicht, einander freundschaftliche Besuche abzustatten, die manchmal auch etwas mehr als freundschaftlich sind. In der Tat bringt die Herzogin von Parma, obwohl das Paar seit 1775 auf diese Weise getrennt lebt, noch vier Kinder zur Welt, das letzte im Jahr 1787 ...[19] Sie gilt als eine gute Mutter, aber Ferdinand hat die Verantwortung für die Kinder und wacht über ihre Erziehung.[20] Doch die sporadischen Beziehungen zu seiner Frau genügen ihm nicht. Bei all seiner Gottergebenheit ist der Infant alles andere als ein Asket. Äußerst sinnlich veranlagt – wie wir in seiner Jugend gesehen haben –, organisiert er seine nächtlichen Vergnügungen: Er lässt «Bäuerinnen in seiner Gegenwart tanzen, an einem außerhalb seines Palasts gelegenen Ort, der sogenannten Fasanerie, den er speziell für diese rustikalen Bälle hat herrichten lassen. Der volksnahe Charakter des Fürsten veranlasst ihn häufig, mit diesen Bäuerinnen zu tanzen, und solcher Zeitvertreib scheint ihm weit mehr Vergnügen zu bereiten als alles andere. Was manchen Leuten zu der Vermutung Anlass gibt, dass der Eifer, den er dabei an den Tag legt, einen anderen Grund als nur das Interesse am Tanzen haben könnte … Im Übrigen sind diese Bälle immer höchst geheim.»[21]

Muss man deswegen dem Tratsch Glauben schenken, den Giuseppe Gorani, ein italienischer Reisender, in seinen Memoiren aufgegriffen hat? Er erzählt, dass er, als er sich Ende der 1780er Jahre auf der Durchreise in Parma befand, den Infanten in der Messe kennenlernte, als dieser in «schrillen Tönen» psalmodierte und nach dem Gottesdienst kräftig die Glocken läutete. Wenig später, als er den Garten des Hauses in Colorno besichtigte, in dem der Fürst vierzehn Kapellen (einen Kreuzweg!) hatte errichten lassen, «sagte *man* mir, dass der Herzog gern in diesen Stationen verweile, dass er aber in Wahrheit dieser Frömmigkeit einen Hauch von Frivolität beizumischen wisse … In jeder dieser Kapellen ist eine hübsche Bäuerin wollüstig platziert … Der Fürst macht bei jeder Kapelle Halt und verweilt dort ein wenig, eröffnet das Vorspiel mit einer dieser Göttinnen, empfängt einen Kuss von der nächsten, durchstreift die Reize einer dritten und gelangt so, Station für Station, schließlich zur vierzehnten, wo er wirklich seine Wahl trifft … und sein Möglichstes tut, um einer Kreatur das Leben zu schenken, das seinerseits dem Schöpfer dieselbe Ehre erweisen kann.»[22]

Klatschgeschichten eines Parteigängers der Aufklärung, so hat man gesagt, folglich wenig glaubwürdig.[23] Aber lügt Gorani, wenn er versichert, beim Verlassen des Gartens mit eigenen Augen gesehen zu haben, wie ein großer geschlossener Wagen direkt vor ihm hielt: «Sieben kokett gekleidete, flinke, schneidige, hübsche Bäuerinnen steigen aus; ihnen folgen sogleich mehrere Kammerherren und schließlich der Herzog, der mich mit einem verbindlichen Gruß ehrte.»[24] Vielleicht, wird man sagen, war dies nur eine artige Landpartie. Aber selbst dann beweist die Anekdote, dass der Infant sich darauf verstand, Vergnügen und fromme Andacht miteinander zu verbinden.

Zu Recht oder zu Unrecht wird die Nachwelt die Erinnerung daran bewahren, dass «der Fürst der Sakristane»[25] ein verdammter Libertin gewesen ist.

Schluss

Ein zerrissener Mensch, eine enttäuschte Hoffnung

Die meisten haben in Ferdinand nur den Fürsten der Finsternis sehen wollen, den obskurantistischen Urheber einer reaktionären Politik, der den Lehren seiner Meister den Rücken kehrte. Einen frömmelnden Genießer, weit entfernt von den Erwartungen, die man in ihn gesetzt hatte.

Nach der katastrophalen Regierung von Pompeo Sacco ernannte der Infant nacheinander drei Premierminister,[1] fähige Männer, die eine vernünftigere und ausgeglichenere Politik verfolgten als ihr Vorgänger. Allerdings innerhalb der von Ferdinand gesetzten Grenzen ... Parma fiel nicht in die «Barbarei» zurück, die Keralio befürchtet hatte, vielmehr in eine Art Dämmerschlaf, untermalt vom Läuten der Glocken. Niemand mehr in Europa beachtete dieses kleine, provinzielle Herzogtum, das über die Maßen verschuldet war und von einem bigotten Herrscher regiert wurde. Die führenden Köpfe der Aufklärung jedoch verziehen ihm nie seine Unterwerfung unter den Willen des Papstes und die Wiedereinsetzung des Inquisitionsgerichts. So dass, als Ferdinand ziemlich plötzlich am 9. Oktober 1802 starb, niemand außerhalb Parmas um seinen Verlust trauerte.[2] Der Ruf eines schwachen, von seinen Schrullen beherrschten Mannes, der für die Lethargie seiner Staaten verantwortlich war, haftete ihm für immer an.

Dennoch geben seine Politik und das Bild, das sie von ihm hinterlassen hat, keine Auskunft über die vielschichtige Persönlichkeit des Infanten. Die mit ihm in Berührung kamen, waren immer wieder aufs Neue darüber erstaunt, dass ein Fürst, «der einen klaren, vielseitigen und gebildeten Geist besitzt, der zu gefallen sucht und die Mittel dafür besitzt, dessen Feingefühl sich selbst wie anderen gegenüber unfehlbar ist, der die Verpflichtungen seiner Stellung und seines Staates kennt, eine innere Befriedigung nur am Fuße der Altäre finden kann»;[3] dass ein Mensch, dessen Sanftmut und äußerste Liebenswürdigkeit man so gern hervorhebt, der Strafen und Unterdrückung verabscheut, seelenruhig die Gefängnisse der Inquisition wiederaufgebaut hat. Dieser Mann, der seinen diebischen Dienern und einem fahnenflüchtigen Gefreiten verzeiht, der sogar bei Napoleon interveniert, damit dieser die Exekution eines in seinen Staaten Zuflucht suchenden französischen Soldaten aussetzt, ist nicht gewillt, über die geringste Beleidigung der Kirche hinwegzusehen. Das Erste, was Gorani ins Auge fällt, als er sich in Parma umtut, sind die Bekanntmachungen der Inquisition, die in allen Cafés aushängen: «Bin ich in Paraguay?», fragt er sich.[4]

In Wahrheit ist dieser zügellose Mönch, dieser zartbesaitete Inquisitor ein Knäuel von Widersprüchen, deren erstaunlichster vielleicht das Zusammentreffen einer zurückgebliebenen Religiosität mit einer hochentwickelten Bildung ist. Wenn es Ehen von Glauben und Vernunft gegeben hat, die sich als haltbar erwiesen haben, so ist die Allianz zwischen einer kindlichen Leichtgläubigkeit und einem kritischen, wissenschaftlichen Geist doch eher unwahrscheinlich. Und doch ist es derselbe Ferdinand, der einen unerschütterlichen Glauben an die magische Kraft der Reliquien an den Tag legt und zugleich mit Interesse den Fortschritt der Wissenschaften verfolgt. Begeistert von den Entwicklungen der Mathematik, Physik, Astronomie und anderer Naturwissenschaften, hält sich der Fürst über die neuesten Entdeckungen auf dem Laufenden, und es heißt, er sei mit dem zeitgenössischen Denken gut vertraut. Zum großen Erstaunen des schwedischen Königs, der im Frühjahr 1784 Parma besucht. Gustav III., ein tatsächlich aufgeklärter Herrscher, der Ferdinand für nichts weiter als fromm gehalten hat, kann seine Überraschung darüber nicht verbergen, in der Person «Seiner Königlichen Hoheit ein äußerst umfangreiches Wissen gepaart mit Sanftmut, Freundlichkeit und einer höchst seltenen Bescheidenheit anzutreffen».[5]

Etwas später verweisen zwei seiner besten Biographen aus dem 19. Jahrhundert, der spanische Gelehrte Juan Andrés[6] und der Bibliothekar Angelo Pezzana,[7] immer wieder mit Nachdruck auf die Weitläufigkeit seiner zugleich wissenschaftlichen, literarischen und künstlerischen Bildung. Der Infant interessiert sich ebenso für die Arbeiten des französischen Astronomen Cassini de Thury, die er 1776 erhält, wie für die lateinischen, französischen, italienischen oder englischen Klassiker. Als Förderer der Poesie, die Condillac ihm in seiner Kindheit nahebrachte, leitet er die Accademia di Settimana, die jeden Freitag stattfindet, um die Erneuerung der italienischen Literatur in die Wege zu leiten. Auch unterstützt er Arbeiten auf dem Gebiet der Geschichtsforschung, auf die sein Hauslehrer so großen Wert legte, und kümmert sich eingehend um seine Akademie der bildenden Künste.

Darin liegt Ferdinands ganzes Geheimnis: Der Fürst, der so sehr die «kleinlichen Praktiken» der religiösen Andacht liebte und sich dem lächerlichsten Aberglauben unterwarf, war zugleich einer der aufgeklärtesten Herrscher Europas. Aber das Kind der Philosophen und der Mönche, von einem seiner jüngsten Biographen mit dem treffenden Beinamen «Der aufgeklärte Frömmler» versehen,[8] zog die Letzteren den Ersteren vor. Allerdings nicht ohne Bedauern und Gewissensbisse. Eines Tages gestand er dem Comte de Flavigny, dass ein unwiderstehlicher Hang ihn fortgerissen habe: «Er weiß sehr wohl, dass sich dieser Hang für einen Herrscher nicht ziemt; und eben weil er in dieser Beziehung genauso streng mit sich selbst ins Gericht geht wie mit jedem anderen, führt er ein abgeschiedenes und

zurückgezogenes Leben, um sich einer verdienten Kritik zu entziehen, die er innerlich als gerecht erkennt.»[9]
Vielleicht fühlte er sich gegenüber seinen Lehrmeistern als Verräter. Stand er nicht in einem eklatanten Widerspruch zur Philosophie der Aufklärung, der zufolge die Fortschritte des Wissens den Rückgang von Aberglaube und Vorurteilen herbeiführen sollten? Die ironische Voraussage Voltaires erwies sich zum Teil als richtig: Tatsächlich, die «Gnade» hatte über die Vernunft gesiegt, ja sie hatte es einem siebenjährigen Kind sogar ermöglicht, einer philosophischen Elite die Stirn zu bieten. Und doch war sie nicht stark genug gewesen, um deren Einfluss spurlos auszulöschen.
Hin- und hergerissen zwischen widersprüchlichen Forderungen, innerlich gespalten zwischen zwei einander hassenden Welten, vermochte der arme Fürst nie wie der Bär bei Leibniz wirklich auf beiden Beinen zu tanzen. Noch trauriger aber war vielleicht die verlorene Hoffnung auf die Macht der Vernunft, an die die Enzyklopädisten so gerne hatten glauben wollen.

Anmerkungen

Abgekürzt werden zitiert:

Autobiographie

Die von Ferdinand verfasste *Storia della mia vita, incominciata addì 13 gennaio 1770* (Biblioteca Palatina, Parma, Ms. Pal. 464)

Correspondance politique de Parme

Archives du ministère des Affaires étrangères, Correspondance politique de Parme

Handarchiv Kaiser Franz

Haus-, Hof- und Staatsarchiv, Wien, Handarchiv Kaiser Franz

Einleitung

1 Am selben Tag wird der Marchese Bergonzi zum Hofmeister ernannt – ein reiner Ehrentitel, so dass Keralio im Grunde genommen allein mit dieser Aufgabe betraut wird.

2 Louise Elisabeth, Ferdinands Mutter, an die Comtesse de Toulouse am 10. Juni 1757: «Vorgestern waren es drei Monate, dass mein Sohn zu den Männern gehört.» (Archives nationales, Ms. 300 AP (III), 1, fol. 294.)

3 So beschreibt der französische Botschafter in Parma die Zeremonie anlässlich des Übergangs zum Mann von Ferdinands

eigenem Sohn (Correspondance politique de Parme, Bd. 41, fol. 240v, 5. Dezember 1779).

Erstes Kapitel
Die frühen Jahre

1 Nach einem oft zitierten Vers des Gedichts «The Rainbow» von William Wordsworth (Anm. des Übers.).

2 *Storia della mia vita, incominciata addì 13 gennaio 1770* (Biblioteca Palatina, Parma, Ms. Pal. 464). Wir nennen sie in der Folge kurz *Autobiographie.* Alexis Vincent sei hier für seine Übersetzung des Manuskripts gedankt, das in seiner Gesamtheit erstmals im Jahr 2000 von Giuseppe Bertini veröffentlicht wurde (*L'appartamento del Duca Ferdinando a Colorno dipinto da Antonio Bresciani*, Colorno (Parma) 2000, S. 79–90).

3 Der König von Spanien hatte seinen ganzen Einfluss geltend gemacht, damit die Infanten einem Jesuiten vor allen anderen Kandidaten den Vorzug gaben.

4 *Autobiographie*, fol. 3.

5 Ebenda.

6 1683–1746, ehemals Herzog von Anjou und der erste Bourbone, der über Spanien herrschte.

7 Der Infant Don Philipp (1720–1765) ist zu diesem Zeitpunkt achtzehn Jahre alt. Er heiratet Louise Elisabeth (1727–1759) am 26. August 1739.

8 Archives du ministère des Affaires étrangères, Correspondance politique, Espagne, Bd. 431, fol. 458v/459r. Der Verfasser dieser Zeilen, Monsieur de Champeaux, hatte keinen Grund, das Porträt zu beschönigen. Im Gegenteil, angesichts der Tatsache, dass die Ehe noch nicht geschlossen war, hatte er sich streng an die Wahrheit zu halten. Auch die nüchternen Beschreibungen, die er von den anderen Mitgliedern der Familie gibt, lassen ihn recht

glaubwürdig erscheinen. Umso mehr, als zweiundzwanzig Jahre später der ebenfalls der Wahrheit verpflichtete Repräsentant Maria Theresias von Österreich, der Graf von Firmian, ein mehr oder weniger deckungsgleiches Porträt des Infanten zeichnet. Siehe Osmero Masnovo, «La Corte di Don Filippo di Borbone nelle 'relazioni segrete' di due ministri di Maria Teresa», in: *Archivio storico per le province parmense*, 1914, Serie II, XIV, S. 199–203.

9 Durch den Aachener Frieden, der am 18. Oktober 1748 den Österreichischen Erbfolgekrieg beendete.

10 12. September 1757 (Museo dell' Ordine Costantiniano di San Giorgio, Parma, Dossier 8/2).

11 Siehe z. B. die Erinnerungen von Giuseppe Pecis, *Notizia di Keralio*, 17. März 1768 (Biblioteca Ambrosiana, Mailand, Ms. H 153, fol. 434v).

12 Obwohl Don Philipp seine Herzogtümer selten verlässt, verbringt er viel Zeit auf seinem Landsitz in Colorno, wo er auf die Jagd geht, während seine Kinder in Parma bleiben.

13 31. Dezember 1741 – 27. November 1763.

14 Ihre Hochzeit mit dem späteren Kaiser Joseph II. wird am 6. Oktober 1760 in Wien gefeiert.

15 Brief von Firmian an Kaunitz vom 31. März 1760, publiziert von Masnovo, «La Corte di Don Filippo di Borbone» (s. Anm. 8), S. 198.

16 Ireneo Affò und Angelo Pezzana, *Memorie degli scrittori e letterati parmigiani*, Bd. VII, Parma 1833, S. 552f.

17 Louise Elisabeth an die Comtesse de Toulouse, 7. Februar 1756 (Archives nationales, Ms. 300 AP (III), 1, fol. 277).

18 Ebenda, fol. 278. Pater Fumeron war am 14. Januar 1755 nach Parma gekommen.

19 *Autobiographie*, fol. 3.

20 *Correspondance littéraire, philosophique et critique par Grimm, Diderot, Raynal, Meister, etc.*, hg. von Maurice Tourneux, Bd. V, Paris 1878, S. 261 (April 1763).

21 Bernis weilte vom 5. Januar bis zum 23. März 1755 in Parma, um dort die einflussreichste Tochter von Ludwig XV. zu hofieren. Als Ferdinand und Luise erkrankten, verlängerte er sogar seinen Aufenthalt, um die Mutter am Krankenbett ihrer Kinder zu unterstützen. Nachdem er Ende April 1755 von Venedig aus nach Paris gereist war, kehrte er anschließend nach Parma zurück und blieb dort erneut für mehr als zwei Wochen.

22 Diese Reise (Januar 1754–April 1755) verfolgte das Ziel, Gisors (1732–1758) andere Kulturen nahezubringen und ihn, abgesehen von den Monarchen, mit allen Männern und Frauen des aufgeklärten Europas bekannt zu machen. Im Übrigen hatte der junge Mann die Tochter des Duc de Nivernais geheiratet.

23 Nivernais empfing sein Beglaubigungsschreiben Ende August 1755, konnte seine Reise aber erst Ende Dezember antreten. Er traf zu spät in Berlin ein, denn Friedrich II. hatte kurz zuvor ein heimliches Abkommen mit den Engländern unterzeichnet.

24 An die Comtesse de Toulouse, 25. Oktober und 7. November 1755 (Archives nationales, Ms. 300 AP (III), 1, fol. 258 und 260).

25 Pecis, *Notizia di Keralio* (s. Anm. 11), fol. 432r/v.

26 Brief an Ferdinand, 3. Oktober 1769 (Correspondance politique de Parme, Bd. 34, fol. 5v und 6r).

27 Etienne Bonnot de Condillac, *Cours d'études pour l'instruction du prince de Parme*, hg. von Georges Le Roy, Paris 1947, S. 401.

28 An die Comtesse de Toulouse, 10. Juni 1757 (Archives nationales, Ms. 300 AP (III), 1, fol. 294).

29 An die Comtesse de Toulouse, 17. Juni 1757 (ebenda, fol. 295).

30 *Autobiographie*, fol. 5.

31 Am 16. August 1757 reist sie ab, um ihren Vater und ihre Schwestern wiederzusehen, die sie so sehr vermisst, vor allem aber, um von Ludwig XV. weitere Vergünstigungen für ihr Herzogtum zu erlangen und die Eheschließung Isabellas mit dem Erzherzog von Österreich, dem späteren Joseph II., auszuhandeln. Sie

stirbt am 6. Dezember 1759 in Versailles, ohne ihre Kinder wiedergesehen zu haben.

Zweites Kapitel
Die Erziehung eines Fürsten der Aufklärung

1 Charles Philippe d'Albert de Luynes, *Mémoires du duc de Luynes sur la cour de Louis XV*, Bd. XVI, Paris 1864, S. 335.

2 Louis de Beauriez, *Une fille de France et sa correspondance inédite*, Paris 1887, S. 146.

3 25. März 1758, ebenda, S. 148f.

4 Luciano Guerci, *Condillac storico*, Mailand 1978, S. 53.

5 Vgl. das unmittelbare Zeugnis des Comte de Rochechouart, Correspondance politique de Parme, Bd. 26, fol. 358r (8. Dezember 1764).

6 Privatsammlung Matudi, Parma.

7 Museo Glauco Lombardi, Parma.

8 *Autobiographie*, fol. 6.

9 Guillaume Du Tillot, geboren 1711 in Bayonne (einer Familie zwangsweise christianisierter Juden entstammend?), war der Sohn eines Kammerdieners von Philipp V. Er selbst wurde Diener des vierten Sohns des spanischen Königs, eben des Infanten Don Philipp. Äußerst intelligent und hochgebildet, erwarb er das Vertrauen seines Herrn und absolvierte eine außergewöhnliche Laufbahn. Vom einfachen Diener stieg er zum Privatsekretär des Infanten auf, wurde 1749 herzoglicher Haushofmeister, 1754 Oberaufseher der Finanzen, 1759 Premierminister und 1764 Marchese di Felino. Als schöpferischer und reformfreudiger Kopf verfolgte er in den Herzogtümern Philipps eine laizistische Politik und förderte Handel und Industrie. Er regierte als «aufgeklärter Despot», bis er 1771 von Ferdinand entlassen wurde. 1774 starb er in Paris.

10 An Choiseul, 1. November 1766 (Correspondance politique de Parme, Bd. 28, fol. 202v).

11 Das Lustschloss der Farnese, das 15 Kilometer entfernt von Parma liegt. Don Philipp residierte dort von Mitte April bis Ende November.

12 Brief vom 29. April 1758, manchmal auf den 15. April datiert (*Catalogue Charavay*, Februar 1981, Nr. 771).

13 *Essai sur l'origine des connaissances humaines* (1746, dt.: *Versuch über den Ursprung der menschlichen Erkenntnis*) und *Traité des sensations* (1754, dt.: *Abhandlung über die Empfindungen*).

14 Condillac an den Duc de Nivernais, 31. Januar 1761 (Archivio di Stato di Parma, Carteggio borbonico).

15 25. Oktober 1764 («Condillac à Parme, lettres inédites», hg. von Paolo Grillenzoni, in: *Dix-huitième siècle*, 17, 1985, S. 290).

16 Condillac, *Cours d'études* (s. Kap. 1, Anm. 27), S. 398f.

17 Ebenda, S. 419.

18 Ebenda, S. 432. Zwei Jahre später rühmt sich Condillac, seinem elfjährigen Zögling Rousseaus *Du contrat social* (dt.: *Vom Gesellschaftsvertrag*) erklärt zu haben ... (Brief von Madame de Chenonceaux an Rousseau, Dezember 1762, in: *Correspondance complète de Jean Jacques Rousseau*, hg. von R. A. Leigh, Bd. XIV, Genf 1971, S. 203).

19 *Diario, 1746–1771*, Archivio di Stato di Parma, Ms. 27, zitiert bei Maria Montanari, «Isabella di Borbone», in: *Aurea Parma*, Jan.–Feb. 1923, S. 107.

20 *Autobiographie*, fol. 11.

21 Diese Abhandlung in zwei Teilen umfasst 230 Seiten. Geschrieben zwischen 1762 und 1763, als Isabella in Wien lebt, befindet sich ein Exemplar in der Biblioteca Palatina in Parma unter der Signatur Ms. 484 und ein zweites Exemplar nur des zweiten Teils im Wiener Haus-, Hof- und Staatsarchiv. Dem Folgenden liegt das Manuskript aus Parma zugrunde.

22 Biblioteca Palatina, Parma, Ms. 484, fol. 24–28.

23 Ebenda, fol. 34f. und 41–43.

24 Ebenda, fol. 46–51.

25 Correspondance politique de Parme, Bd. 33, fol. 307r/v (Brief vom 2. September 1769).

26 Isabella verließ Parma am 13. September 1760, die Hochzeit wurde am 6. Oktober in Wien gefeiert.

27 *Autobiographie*, fol. 7.

28 Ebenda, fol. 8.

29 Ebenda, fol. 11.

30 Ebenda, fol. 13.

31 Ebenda.

32 *Autobiographie*, fol. 7 (Hervorhebung von der Verf.).

33 Ebenda, fol. 15. Carminella Biondi hat sich die berechtigte Frage gestellt, ob Ferdinand nicht absichtlich eine gewisse Zweideutigkeit, ja Verschleierung in seiner zur Veröffentlichung bestimmten Autobiographie bewahrte (*La Francia a Parma nel secondo Settecento*, Bologna 2003, S. 65).

34 *Autobiographie*, fol. 14.

35 Pecis, *Notizia di Keralio* (s. Kap. 1, Anm. 11), 10. März 1768, fol. 431r– 432r (Hervorhebung von der Verf.).

36 Ebenda, fol. 432v.

37 *Autobiographie*, fol. 15.

38 Durch die erfolgreiche Erfahrung mit Ferdinand überzeugt, wollte sein Vater Don Philipp auch dessen jüngere Schwester Luise impfen lassen. Diese war jedoch schon im Oktober 1764 mit dem Prinzen von Asturien verlobt worden, der sich der Inokulation seiner zukünftigen Frau energisch widersetzte.

39 *Autobiographie*, fol. 18.

40 Ebenda, fol. 19.

41 Nach dem Studienprogramm der ersten beiden Jahre hatte Condillac Ferdinand die lateinische Grammatik und Literatur, «l'art de penser» («die Kunst des Denkens») und vor allem Ge-

schichte gelehrt, die er als ein Propädeutikum für die Kunst des Regierens ansah.

42 Offenbar geht der Entschluss, die beiden Minoritenpatres nach Parma zu holen, auf das Ende des Jahres 1764 zurück, als Condillac bereits seine Rückkehr erwog. Aber Du Tillot musste zuerst die Erlaubnis der Könige von Frankreich und Spanien einholen, dann die des Papstes, dem Jacquier und Le Seur unterstanden, und schließlich das Einverständnis der Letzteren, bevor sie am 3. November 1766 eintrafen. Die beiden Geistlichen sollten am Hof Logis und ein Gehalt von 5000 Livre im Jahr erhalten.

43 La Houze an Choiseul, 6. Dezember 1766 (Correspondance politique de Parme, Bd. 28, fol. 255r).

44 Gabriel F. Coyer, *Voyages d'Italie et de Hollande,* Bd. I, Paris 1775, S. 84. Der Abbé war im Oktober 1763 und im Juni 1764 in Parma.

45 Er weilte im August und September 1766 in Parma. Obwohl er für die Bourbonen nicht viel übrig hatte, erging er sich in Lobesreden über Ferdinand.

46 Charles Pinot Duclos, «Voyage en Italie», in: *Œuvres,* Bd. II, Paris 1820, S. 702. Duclos lernte Ferdinand Ende Mai 1767 kennen.

47 Parma, 17. August 1765 (*Lettres de Paciaudi au comte de Caylus,* Paris 1802, S. 322).

48 8. Dezember 1764 (Correspondance politique de Parme, Bd. 27, fol. 358r).

49 22. November 1766 (ebenda, Bd. 28, fol. 217v–218r).

50 11. Juli 1767 (ebenda, Bd. 30, fol. 39r–40r).

51 14. Mai und 26. November 1768 (ebenda, Bd. 31, fol. 298r–299r und Bd. 32, fol. 325v–326r).

52 Handarchiv Kaiser Franz, Karton 23, Dossier Nr. 6, «Notices sur l'Infant de Parme», S. 1–3 (Autor unbekannt).

53 17. März 1768, «Notices sur l'Infant de Parme» (s. Anm. 52), fol. 433r–434r.

54 Er kehrte im Frühjahr 1767 nach Paris zurück, die Wahl fand am 28. November 1768 statt.

55 *Œuvres philosophiques, historiques et littéraires de d'Alembert*, Bd. 3, Paris 1805, S. 17.

56 28. Januar 1769 («Correspondance inédite de d'Alembert avec Cramer, Lesage, Clairaut, Turgot, Castillon, Béguelin, etc.», hg. von Charles M. Henry, in: *Bulletino di bibliografia e di storia delle scienze matematiche e fisiche*, 18, 1885, S. 66f.).

57 Dennoch redeten die drei Männer untereinander offen darüber, wie ein Brief Keralios an Du Tillot vom 23. April 1768 beweist (Archivio di Stato di Parma, Carte Du Tillot, Viaggi, V 49–55). Keralio, der Ferdinand nach Mantua begleitet hat, wo dieser seine künftige Schwägerin, die Erzherzogin Charlotte, treffen soll, erstattet in dem Brief über das Verhalten seines Zöglings Bericht: «zwar nicht so, wie wir, Sie und ich, es uns wünschten, aber annehmbar».

58 Correspondance politique de Parme, Bd. 27, fol. 125v (3. August 1765).

59 Wie es der Zufall will, erkrankt Condillac drei Wochen nach Ferdinands Inokulation selbst an Pocken. Die Krankheit ist so schlimm, dass sie ihn beinahe dahinrafft und in Paris das Gerücht geht, er sei gestorben.

60 Fol. 17–18.

61 Die 24 Briefe Keralios und die rund 10 Briefe Condillacs befinden sich im Museo dell' Ordine Costantiniano di San Giorgio, Parma, Dossiers 8/16 und 8/17. Die Briefe Condillacs wurden von Paolo Grillenzoni veröffentlicht («Condillac à Parme, lettres inédites», in: *Dix-huitième siècle*, 17, 1985, S. 285–296). Keralios Briefe an sein «liebes Kind» enden alle mit der Erinnerung an seine Liebe zu ihm: «Ich küsse Sie tausendfach und liebe Sie mehr als mich selbst.»

62 Die beiden letzten Hervorhebungen von der Verf.

63 Handarchiv Kaiser Franz, Karton 23, Dossier Nr. 6. Der Autor

dieses Porträts ist vermutlich einer der beiden Gesandten Maria Theresias in Parma im Jahre 1769, der Baron von Knebel oder der Graf Rosenberg.

64 *Autobiographie*, fol. 24.

65 29. Juli 1765 («Condillac à Parme» (s. Anm. 15), S. 291f.).

66 30. Juli 1765 (ebenda, S. 292).

67 Brief von La Houze an Choiseul, 8. November 1766 (Correspondance politique de Parme, Bd. 28, fol. 213v–214r).

68 Brief Keralios an den irischen Grafen Patrick Magalwy vom 28. August 1767 (Museo Glauco Lombardi, Parma, Archivio Magalwy, Cont. 103). Keralio wünscht sich, dass der Graf, den er 1766 in Parma vor dessen Heimkehr nach Irland kennengelernt hat, nach Parma zurückkehrt, um Ferdinand in englischer Literatur zu unterrichten und seine Tage auszufüllen.

69 Es handelt sich um Condillacs *Cours d'études* (s. Kap. 1, Anm. 27).

70 Brief vom 11. Mai 1767 («Lettere inedite del Condillac al suo principe», hg. von Giovanni Drei, in: *Miscellanea historica in honorem Leonis Van der Essen*, Brüssel 1947, Bd. II, S. 884f.).

71 Der Abbé Millot, der im Herbst 1768 nach Parma kommt, um an der dortigen Universität Geschichte zu lehren, macht aus seiner Enttäuschung keinen Hehl: «Ich war noch keine zwei Wochen am Hofe von Parma, da sah ich die Dinge schon ganz anders, als man sie mir geschildert hatte. Die Neigungen des Infanten entsprachen diesen Schilderungen fast gar nicht.» (Léonce Pingaud, «Mémoires de l'abbé Millot», in: *Nouvelle revue rétrospective*, Juni–Juli 1898, S. 106.)

72 Briefe vom 3. August und vom 27. Oktober 1767 («Lettere inedite del Condillac al suo principe» (s. Anm. 70), S. 885–887).

73 *Notizia di Keralio* (s. Kap. 1, Anm. 11), fol. 434r/v.

74 «Diaro della campagna di Colorno nel 1768», in: Bertini, *L'appartamento del Duca Ferdinando a Colorno* (s. Kap. 1, Anm. 2), S. 92–98.

75 Kopie des Briefes von Keralio vom 3. Oktober 1769 (Correspondance politique de Parme, Bd. 34, fol. 5v–6v, Hervorhebung von der Verf.). Am 7. Oktober überstellt Du Tillot diesen Brief dem Duc de Choiseul mit folgender Erklärung: «Ich sende Ihnen den Brief auf Wunsch von Monsieur de Keralio als ein Zeugnis der Prinzipien, die er ihm [Ferdinand] mit auf den Weg gegeben hat, und als eine Rechtfertigung für sein Verhalten, falls der Infant von ihnen abweichen oder bereits abgewichen sein sollte.» (Ebenda, fol. 20v.)

Drittes Kapitel
Ein Mythos zerbricht

1 Handarchiv Kaiser Franz, Karton 23, Dossier Nr. 6.

2 Condillac war eigens nach Parma gereist, um der Hochzeit seines Zöglings beizuwohnen, und gedachte, nach Beendigung der Feierlichkeiten in Begleitung Keralios nach Paris zurückzukehren.

3 «Sie steuert insgeheim den Willen des Fürsten, und er handelt nur auf ihren Anstoß hin», schreibt La Houze am 4. November 1769 (Correspondance politique de Parme, Bd. 34, fol. 79r).

4 Bildern und Augenzeugen nach zu urteilen, ist Amalia eine hübsche, große, schlanke Frau. «Eine majestätische Erscheinung, große blaue Augen, dunkles Haar und regelmäßig schöne Gesichtszüge», schreibt La Houze am 21. Juli 1769. Er fügt sogar hinzu: «Sie macht schon jetzt den Infanten glücklich, der sie abgöttisch liebt.» (Ebenda, Bd. 33, fol. 230r/v.)

5 Ich danke ausdrücklich Doktor Jean-Michel Race für seine medizinischen Erklärungen zu diesem Bericht, den La Houze am 23. September 1769 nach Versailles schickte: «Zwischen der Vorhaut und der Eichel hatte sich ein Ring aus einer kompakten Masse gebildet, die sich derart verhärtet hatte, dass dieser

Teil des Gliedes beträchtlich angeschwollen war und die die Eichel bedeckende Vorhaut so stark gespannt wurde, dass schon die geringste Erektion dem Infanten Schmerzen bereitete. Es mussten … ihm mehrere Injektionen mit einer reinigenden Flüssigkeit verabreicht werden, die eine allmähliche Auflösung dieses verhärteten Rings bewirkten, und erst heute morgen konnte der Fürst die Vorhaut zurückschieben. Der Arzt, der Seine Königliche Hoheit behandelt hat, … vertraute mir an, dass seiner Beobachtung nach diese Art Ring aus verhärteten Substanzen schon angefangen hatte, die Innenseite der Vorhaut anzugreifen, dass er jedoch dank einiger Bäder und Kaltwasseranwendungen an diesem Körperteil damit rechne …, dass seine Ehe bald darauf vollzogen werde.» (Ebenda, Bd. 33, fol. 353r/v.)

6 12. August und 23. September 1769 (ebenda, Bd. 33, fol. 275v und 352r/v).

7 Brief vom 21. Oktober 1769 (ebenda, Bd. 34, fol. 39r/v).

8 Ferdinand vertraute sich dem Botschafter La Houze an, der darüber am 7. Oktober 1769 einen langen Bericht an Choiseul sandte (ebenda, Bd. 34, fol. 9–13). Von derselben Szene berichtet Du Tillot am folgenden Tag dem spanischen Premierminister Grimaldi (ebenda, Bd. 34, fol. 22–27).

9 Vertrauliche Mitteilung Ferdinands an Keralio vom 4. Oktober (zitiert ebenda, Bd. 34, fol. 24v, 8. Oktober 1769).

10 S. 66–68.

11 Condillac und Keralio haben vermutlich ihren italienischen Freunden gegenüber einige vertrauliche Mitteilungen gemacht, denn Pietro Verri schreibt seinem Bruder, dass «sie unzufrieden über den Herzog abgereist sind, der ihnen kaum in die Augen zu sehen wagte» (Brief vom 28. Februar 1770, in: *Carteggio di Pietro e di Alessandro Verri*, hg. von Emanuele Greppi und Alessandro Giulini, Mailand 1911, Bd. III, S. 198). Außerdem erstattet Keralio bei seiner Rückkehr nach Paris Anfang November 1769 Choiseul und Ludwig XV. ausführlich Bericht.

12 31. Januar 1767 (Correspondance politique de Parme, Bd. 29, fol. 58r/v).

13 11. April 1767 (ebenda, Bd. 29, fol. 168v–171r). Du Tillot hatte den Inquisitor von Piacenza entlassen.

14 Am 7. und 8. Februar 1768, also viel später als in Portugal, Spanien und Frankreich.

15 Zitiert nach Henri Bédarida, *À l'apogée de la puissance bourbonienne. Parme dans la politique française au XVIIIe siècle*, Paris 1930, S. 205.

16 Beschwerdebrief Ferdinands, undatiert [Juli 1771] (Handarchiv Kaiser Franz, Karton 23, Dossier Nr. 12, 1–4).

17 Privater Brief von La Houze an den Abbé de La Ville, 2. September 1769 (Correspondance politique de Parme, Bd. 33, fol. 306–307r).

18 Brief Paciaudis an den Abbé de La Ville, 11. November 1769 (ebenda, Bd. 34, fol. 82v; Hervorhebung von der Verf.).

19 Dieser bereits zitierte, äußerst aufschlussreiche Beschwerdebrief aus dem Juli 1771 (s. Anm. 16) war womöglich an seine Schwiegermutter Maria Theresia gerichtet, die, dem Beispiel Ludwigs XV. und des Königs von Spanien folgend, für Du Tillot Partei ergriffen hatte.

20 Hervorhebung von der Verf.

21 Handarchiv Kaiser Franz, Karton 23, Dossier Nr. 11.

22 Affò/Pezzana, *Memorie degli scrittori* (s. Kap. 1, Anm. 16), S. 558.

23 Briefe von Du Tillot an Choiseul vom 7. und 21. Oktober 1769 (Correspondance politique de Parme, Bd. 34, fol. 19–21 und 39–41). Anzumerken ist, dass Du Tillot auf eine Bitte um Rat vonseiten Choiseuls zu antworten scheint.

24 Chauvelin kannte die herzogliche Familie seit Langem. Er war ein geschickter Diplomat und in dieser Funktion schon mehrfach in Parma gewesen.

25 Fontainebleau, 4. November 1769 (Correspondance politique de Parme, Bd. 34, fol. 65–73).

26 Beschwerdebrief Amalias an ihre Mutter Maria Theresia, Juli 1771 (Handarchiv Kaiser Franz, Karton 23, Dossier Nr. 12, fol. 3).

27 An den Abbé de La Ville, 11. November 1769 (Correspondance politique de Parme, Bd. 34, fol. 82v–83r).

28 La Houze an Choiseul, 27. Januar 1770 (ebenda, Bd. 34, fol. 244r/v).

29 27. März 1770 (ebenda, Bd. 34, fol. 306f.).

30 22. November und 22. Dezember 1770 (ebenda, Bd. 35, fol. 144 und 156).

31 27. Januar 1771 (ebenda, Bd. 35, fol. 191r–192v).

32 12. Februar 1771 (ebenda, Bd. 35, fol. 199r).

33 Jedes Mal, wenn das Herzogspaar in der Öffentlichkeit erscheint, kommt es zu Ansammlungen von Menschen, die dem Infanten zujubeln und ihren Hass auf Felino kundtun. Aufrufe hängen aus, die den Tod des Premierministers fordern.

34 Bereits zitierter Brief aus dem Juli 1771 (s. Anm. 16).

35 Er verlässt Parma am 18. August 1771.

36 Am 19. November.

37 27. Januar 1771, Handarchiv Kaiser Franz, Karton 23, Dossier Nr. 11.

38 In der Correspondance politique de Parme, Bd. 36, ist ein erster Brief vom 24. August 1771 ausgewiesen und ein zweiter vom 20. September 1771. Sie leiten eine regelmäßige Korrespondenz ein, die mehrere Jahre andauert.

39 In seiner Antwort vom 5. Oktober 1771 schreibt Keralio: «Werde ich Sie also ewig als das Opfer Ihres Argwohns und Ihrer Verstellung sehen müssen?» (Ebenda, Bd. 36, fol. 252v.)

Viertes Kapitel

Wer hat Schuld?

1 *Notizia di Keralio* (s. Kap. 1, Anm. 11), fol. 433v.

2 1. und 22. November 1766 (Correspondance politique de Parme, Bd. 28, fol. 216r–217v).

3 Firmian an Maria Theresia, 27. Januar 1771 (Handarchiv Kaiser Franz, Karton 23, Dossier Nr. 11).

4 Aus einem Bericht von La Houze, 30. Dezember 1769 (Correspondance politique de Parme, Bd. 34, fol. 152r/v).

5 Ebenda.

6 An Maria Theresia, 27. Januar 1771 (Handarchiv Kaiser Franz, Karton 23, Dossier Nr. 11).

7 Bericht an Choiseul, 5. Januar 1771 (Correspondance politique de Parme, Bd. 34, fol. 171v–172r). In seinem gegen Du Tillot gerichteten Beschwerdebrief vom Juli 1771, den er nach Wien schickt, sagt Ferdinand das Gegenteil: «Er hat mich in völliger Unkenntnis meiner Regierungsgeschäfte gelassen, indem er mir immer die Papiere vorzulegen versprach, die aber nie eintrafen.»

8 3. August 1765 (Correspondance politique de Parme, Bd. 27, fol. 125v).

9 Siehe S. 60 f.

10 An Maria Theresia (Juli 1771), Handarchiv Kaiser Franz, Karton 23, Dossier Nr. 12.

11 Durfort an den Duc d'Aiguillon, 27. September 1771 (Correspondance politique de Parme, Bd. 36, fol. 245v–246r).

12 La Houze an Choiseul, 30. Dezember 1769 (ebenda, Bd. 34, fol. 153r); eine Meinung, die auch von Pater Paciaudi und Du Tillot geteilt wird.

13 Ihre *Réflexions sur l'éducation* sind nie veröffentlicht worden.

14 2. September 1769 (Correspondance politique de Parme, Bd. 33, fol. 307).

15 *Relation de ce qui s'est passé pendant mon séjour à Parme (Bericht über die Ereignisse während meines Aufenthalts in Parma),* 1. Januar 1770 (ebenda, Bd. 34, fol. 157–207).

16 Ebenda, Bd. 35, fol. 59v (30. Juni 1770).

17 An Maria Theresia, 27. Januar 1771 (Handarchiv Kaiser Franz, Karton 23, Dossier Nr. 11).

18 Hervorhebung von der Verf.

19 Creuzé de Lesser, *Voyage en Italie et en Sicile fait en 1801 et 1802*, Paris 1806, S. 30.

20 Angelo Pezzana war von 1804 bis 1862 Bibliothekar der Biblioteca Palatina in Parma.

21 Affò/Pezzana, *Memorie degli scrittori* (s. Kap. 1, Anm. 16), S. 558–560.

22 Zum *Cours d'études* s. Kap. 1, Anm. 27.

23 Keralio traf in den letzten Oktobertagen des Jahres 1769 in Paris ein und wurde schon bald regelmäßiger Gast des Salons von d'Alembert und Julie de Lespinasse.

24 An Voltaire, 15. Oktober 1769 (Voltaire, *Correspondance*, hg. von Theodore Besterman, Bd. LXXIII, Genf 1962, S. 120; Hervorhebung von der Verf.).

25 *Réfutation d'Helvétius* (dt.: *Widerlegung des Helvétius*), in: *Œuvres*, Bd. I, hg. von Laurent Versini, Paris 1994, S. 779.

26 Brief an Katharina II., ebenda, Bd. V, Paris 1997, S. 1266.

27 *Cours d'études* (s. Kap. 1, Anm. 27), S. 404.

28 An d'Alembert, 17. November 1760 (*Correspondance* (wie Anm. 24), Bd. XLIV, Genf 1959, S. 159).

29 An Frisi, Briefe vom 30. März 1773 und 16. Januar 1773 (Biblioteca Ambrosiana, Mailand, Ms., Y 153 Sup., Nr. 61 und 60).

Fünftes Kapitel
Der Fürst der Frömmler

1 Brief Ferdinands an Llano vom 24. Oktober 1772 (Correspondance politique de Parme, Bd. 38, fol. 159r).

2 Ebenda, Bd. 41, fol. 28v (28. Februar 1779).

3 Brief Maria Theresias an den Grafen Rosenberg vom 4. Mai 1772 (ebenda, Bd. 37, fol. 215r).

4 Llano kehrte im Oktober 1773 nach Parma zurück, um den Affront gegen den spanischen König auszubügeln. Doch es war nur eine Rückkehr «pro forma». Am 9. Januar 1774 zurückberufen, verließ er Parma endgültig im Juni 1774.

5 Paris, 10. Oktober 1773 (Correspondance politique de Parme, Bd. 38, fol. 272r/v).

6 Ebenda, Bd. 39, fol. 380r (6. August 1775).

7 Ebenda, Bd. 38, fol. 315r (5. Dezember 1773).

8 Brief Llanos vom 3. Juni 1772 (ebenda, Bd. 37, fol. 258v).

9 2. Dezember 1773 (ebenda, Bd. 38, fol. 311r–313v).

10 4. September 1774 (ebenda, Bd. 39, fol. 226 f.).

11 Auszug vom 1. April 1776, zitiert in der Correspondance politique de Parme, Bd. 40, fol. 46r/v (12. Mai 1776).

12 Ferdinand schreibt ihm am 9. Dezember 1777 einen Brief in Form eines Schuldbekenntnisses: «Ich betrachte die vergangenen Zeiten mit demselben Blick, mit dem man in der Geschichte die Jahrhunderte der Barbarei betrachtet, die man zu vergessen sucht, nachdem man über sie gelesen hat. Wir alle sind Menschen und können dumme Fehler begehen, und erst recht können wir uns täuschen, vor allem in einem Alter, das es noch nicht erlaubt, irgendwelche Erfahrungen in der Welt gesammelt zu haben, geschweige denn am Hof, der, meiner Meinung nach, das schwierigste und trügerischste Meer ist, das man befahren kann … Was haben Sie also zu fürchten, Euer

Ehrwürden, wenn Sie hierher zurückkehren? Sie werden gegen niemanden anzukämpfen haben: Das lassen Sie meine Sache sein. Ich werde die Pläne derjenigen zu vereiteln wissen, die Ihnen Hindernisse in den Weg legen und Kummer zufügen wollen ... Bereiten Sie sich auf Ihre Rückkehr vor und seien Sie sicher, sich damit vor Gott verdient zu machen.» (Biblioteca Palatina, Parma, Carteggio Paciaudi, cass. 75.)

13 Du Tillot, Marchese di Felino, stirbt am 13. Dezember 1774 in Paris. Von dort schreibt Keralio am 3. März 1775 an Paciaudi: «Ich weiß, was der Infant gesagt und getan hat. Seien Sie überzeugt, lieber Freund, dass der Kummer und die Qualen, die er [Du Tillot] in Parma hat ertragen müssen, nicht wenig dazu beigetragen haben, seine Tage vorzeitig zu beenden.» (Biblioteca Palatina, Parma, Carteggio Paciaudi, cass. 80.)

14 Correspondance politique de Parme, Bd. 40, fol. 227r/v (1. Februar 1778).

15 Die Klöster werden im März 1779 retabliert und die Inquisition am 2. August 1780.

16 Correspondance politique de Parme, Bd. 42, fol. 373v (3. September 1780).

17 Ebenda.

18 Ebenda, Bd. 39, fol. 209v (14. August 1774).

19 Insgesamt hatten sie sieben Kinder: Caroline (1770–1804), Ludwig (1773–1803), Maria Antonietta (1774–1841), Charlotte (1777–1813), Philipp (1783–1786), Antonietta Luise (1784), Luise Maria (1787–1789).

20 Ferdinand wählt einen Franzosen, den Chevalier de Pujol, als Unterhofmeister für seinen Sohn Louis und lässt diesen zusammen mit zweien seiner Schwestern gegen Pocken impfen.

21 Correspondance politique de Parme, Bd. 40, fol. 7r/v (14. Januar 1776).

22 Zitiert nach *Mémoires secrets et critiques des cours, des gouvernements et des mœurs des principaux Etats de l'Italie* (it. Original-

titel: *Memorie segrete e critiche delle corti, dei governi e dei costumi dei principali Stati d'Italia*), Paris 1793, Bd. III, S. 296 (Hervorhebung von der Verf.).

23 Bertini, *L'appartamento del Duca Ferdinando* (wie Kap. I, Anm. 2), S. 17.

24 Gorani, *Mémoires* (wie Anm. 22), S. 297.

25 Bertini, *L'appartamento del Duca Ferdinando* (wie Kap. I, Anm. 2), S. 11.

Schluss
Ein zerrissener Mensch, eine enttäuschte Hoffnung

1 Den Marchese Manara, einen von Du Tillot protegierten Schriftsteller (1781–1787), den Marchese Venturi (für einige Monate des Jahres 1787, bevor er erkrankte) und den Conte Ventura (1787–1800), der beste Premierminister nach Meinung von Henri Bédarida.

2 Hingegen trauerten seine Untertanen, da sie seine Nähe zum Volk und seine paternalistische Regierung geschätzt hatten.

3 Correspondance politique de Parme, Bd. 41, fol. 67v (30. Mai 1779).

4 Gorani, *Mémoires* (wie Kap. V, Anm. 22), S. 292.

5 Correspondance politique de Parme, Bd. 43, fol. 70r/v (2. Mai 1784).

6 *Vita del Duca di Parma Don Ferdinando di Borbone*, Parma 1849.

7 Affò/Pezzana, *Memorie degli scrittori* (s. Kap. I, Anm. 16), S. 547–575.

8 Giuseppe Bertini (Hg.), *Il bigotto illuminato. Ricordo di Ferdinando di Borbone* (1751–1802) nel bicentenario della morte, Parma 2002.

9 *Correspondance politique de Parme*, Bd. 41, fol. 67v (30. Mai 1779).

Bildnachweis

Berlin, akg-images: S. 17 (Maurice Babey), 21, 39 (Erich Lessing)
Berlin, Bridgeman/Wien, Schloss Schönbrunn: S. 73
Florenz, Scala Art Archive/Courtesy of the Ministero Beni e Att. Culturali: S. 81
Parma, Fondazione Cariparma: Frontispiz
Parma, Museo Glauco Lombardi: S. 33

Frontispiz: Ferdinand von Parma, spanischer Infant, gemalt von Antonio Bresciani, 1767, Museo Fondazione Cariparma, Parma